믿음은 하나님을 기쁘시게 한다

〈일러두기〉
이 책에 사용한 폰트는 KoPubWorld바탕체와 KoPubWorld돋움체 그리고 나눔명조체입니다.
성경은 한글판 개역개정성경과 새번역성경을 사용했다. 경우에 따라 다른 역본도 참조했습니다.

믿음은 하나님을 기쁘시게 한다

전병철

세움북스

프롤로그

믿음에 굳게 서라

우리는 지금, 그 어느 때보다도 강력한 믿음의 시련 앞에 서 있다. 우리의 믿음을 무너뜨리는 유혹과 위험 요소들이 매복한 사자처럼 우리를 노리고 있다(벧전 5:8). 우리의 활동과 행동은 수많은 제약과 통제를 받는다. 사람과 사람의 관계는 물론이고, 사회 활동도, 교회에서 예배를 드림도, 하나님의 영광을 위한 사역도 전보다 훨씬 더 많은 제한을 받고 있다. 마치 사드락과 메삭과 아벳느고가 금 신상에 절하라는 왕의 강요를 받았던 시대처럼, 우리 역시 세상과 타협하라는 요구 앞에 서 있다.

이런 시대를 사는 하나님의 사람들에게 필요한 것은 굳건한 믿음이다. 살아계신 하나님께서 우리를 구원해 주실 것이라는 믿음, 또 하나님께서 "그렇게 하지 않을지라도"(단 3:17~18) 하나님만 믿고 섬기며 하나님에게만 충성하겠다는 믿음이 필요하다.

만일 우리가 믿음에 굳게 서지 않는다면, 우리는 믿음에 있어서 파선하고 말 것이다(딤전 1:19). 그리고 믿음에서 파선하는 자는 세상 물결에 휩쓸려 멸망하게 될 것이다.

하지만 어떤 시련을 만나도 믿음이 흔들리지 않는 사람은 하나님을 영화롭게 할 것이다. 믿음 생활을 하지 말라고 강요받는 시대에도 하나님을 하나님으로 대접할 것이며, 세상보다도 하나님을 더 경외하면서 하나님과 동행할 것이다. 그리고 하나님과 함께 여러 시련을 통과하면서 믿음으로 더욱 거룩해질 것이다. 믿음에 도전을 받아도 오히려 더 뜨겁게 하나님을 사랑하고 경외하며, 더 풍성한 은혜를 경험할 것이다.

우리가 믿음에 굳게 선다면 우리의 믿음은 더욱 성장할 것이다. 시련은 인내를 만든다. 그러나 인내를 온전히 이루면 조금도 부족함이 없는 사람, 온전하고 성숙한 믿음의 사람이 된다(약 1:4). 믿음에 굳게 선 사람은 '믿음의 결국(목표)인 영혼의 구원'(벧전 1:9)을 받는다.

우리는 우리가 믿는 바를 포기할 수 없다. 우리가 사랑하고 존경하며 경외하고 경배하는 하나님과 우리의 구원자 예수 그리스도를 포기할 수 없다. 우리 영혼의 구원도 포기할 수 없다.

우리는 이미 '이 세상'과 '믿음의 세계' 사이에 있는 엄청난 강을 건넌 사람들이다. 다시 세상으로 돌아갈 수 없다. 돌아가려고 해도 돌아갈 방법이 없고, 또 돌아간다고 해도 머물 곳이 없으며, 우리를 반기는 사람도 없다. 세상에는 안식이 없고 생명도 없다. 거기에는 오직 사망과 멸망만 기다리고 있을 뿐이다.

우리는 오직 믿음의 길을 갈 뿐이다. 우리 믿음의 주시며 온전케 하시는 예수 그리스도를 바라보며 날마다 예수님을 따라 믿음으로 산다. 세상살이가 아무리 힘들고 어려워도, 우리의 믿음을 뒤흔드는 시련이 거세게 몰아쳐도 우리는 믿음으로 산다. 우리는 무엇을 하든지 하나님을 영화롭게 하기 위해 믿음으로 선택하고 결정하며 행동한다.

우리에게는 믿음 외에 다른 선택지가 없다. 오직 하나님과 예수 그리스도를 믿고 믿음으로 사는 선택만 있을 뿐이다.

하나님은 히브리서 11장에 기록된 많은 믿음의 사람들처럼, 우리도 이 시대를 믿음으로 살아가기를 바라신다. 여호와 하나님만 믿는 믿음으로 하나님을 기쁘시게 하기를 원하신다.

믿음은 우리를 세상과 구별되게 만든다. 믿음은 세상이 걷는 길이 아닌 하나님의 길을 걷게 하고, 세상 방식이 아닌 하나님의 방식으로 살게 한다.

하나님은 우리가 세상 사람들과 다른 존재라는 것을 보여주는 그런 '믿음'을 갖기를 원하신다.

차례

프롤로그

믿음에 굳게 서라 ·· 4

제1부 믿음의 특성

1. 믿음은 바라는 것들의 실상이다 ································ 12
2. 믿음은 하나님을 기쁘시게 한다 ································ 38
3. 믿음은 하나님을 하나님으로 대하게 한다 ·············· 72
4. 믿음은 하나님과 동행하게 한다 ································ 88
5. 믿음은 하나님을 경외하게 한다 ······························ 104
6. 믿음은 하나님만 소망하게 한다 ······························ 122

Contents

제2부 믿음의 효과

7. 믿음은 믿는 자를 거룩하게 만든다 ······························146
8. 믿음은 우리를 구원받게 한다 ···································188
9. 믿음은 우리를 새롭게 한다 ······································206
10. 믿음은 삶의 방향을 결정한다 ·································223
11. 믿음은 삶의 방식을 결정한다 ·································250
12. 믿음은 믿는 만큼 힘을 발휘한다 ····························284

미주

제1부

믿음의 특성

1.
믿음은 바라는 것들의 실상이다

히브리서 11:1~2

히브리서 11장은 수많은 믿음의 선진들을 열거하며 그들의 삶을 통해 믿음의 본질과 믿음이 어떻게 삶을 변화시키는지를 보여준다. 특히 히브리서 11:1~2절은 믿음의 정의를 가장 함축적으로 제시한다. 먼저 사전에서 말하는 일반적인 정의부터 알아보자.

믿음은 마음에 믿고 의지하는 태도이다

국어사전에서 '믿음'은 '무엇을 믿는 마음', 또는 '어떤 대상에 대해 의지하고 의뢰하는 태도'라고 말한다.[1] 이는 인간 내면의 심리적 상태에 집중된 정의라고 할 수 있다. 하지만 히브리서 11장에서 말하는 믿음은 단순한 심리 상태나 인간적 기대를 넘어, 하나님에 대한 신뢰와 그의 약속에 대한 확신을 포함하는 더 깊은 차원의 개념이다. 그렇다면 성경은 믿음을 어떻게 정의하는가? 히브리서 11:1절 말씀이다.

믿음은 바라는 것들의 실상이요 보이지 않는 것들의 증거니

믿음은 실체가 없는 허상이나 막연한 것이 아니다. 믿음은 희망(희망 고문)이나 자기 암시가 아니다. 믿음은 '바라는 것들의 실상이고 보이지 않는 것들의 증거'이다.

믿음은 바라는 것이다

먼저, 믿음은 바라는 것과 깊은 연관이 있다. 바라는 것이 곧 믿음은 아니지만, 참된 믿음은 무엇인가를 바라는 것, 기대하는 것, 희망하는 것을 포함한다.

반대로 바라는 것이 없다면, 그것을 참된 믿음이라고 보기 어렵다. 기대하는 것이 있고 또 그것이 반드시 실현될 것이라고 믿는 것이 믿음이다. 소망하고 꿈꾸는 것들이 반드시 성취되고 현실이 된다고 믿는 것이다.

우리가 바라는 것들이 아직 이루어지지 않고, 그 현실적 징후가 보이지 않더라도, 반드시 이루어질 것임을 믿고 기다리는 것, 그것이 바로 성경이 말하는 믿음이다.

예를 들면, 당신의 남편이 당신에게 한 가지 약속을 했다. "비록 지금은 가진 것이 없지만, 내가 열심히 일해서 당신과 우리 가족이 편안하게 살 수 있는 집을 장만해 주겠소. 그러니 힘들더라도 조금만 참고 기다리시오." 이 말을 들은 당신은 이 약속을 믿을 것인지 아니면, 코웃음 치고 넘길 것인지는 당신 마음이다.

하지만 남편은 진지하다. 그리고 이 약속을 이루기 위해 열심히 일한다. 남편 마음에는 자신이 마련한 집에서 가족이 오손도손 행복하게 사는 소망이 있다. 그는 매일 자기 꿈을 이루기 위해 열심히 일한다. 그리고 마치 그 꿈이 이루어진 것처럼 말한다.

그런 모습을 본 당신도 남편의 약속이 그냥 빈말이 아니라고 생각한다. 그리고 남편이 열심히 일하는 모습을 보면서 당신도 남편의 꿈이 이루어질 날을 기대한다. 그것을 바라보고 소망하며 하루하루 열심히 산다.

믿음은 '바라는 것의 실상'이라고 말하는 것이 이런 것이다. 지금은 아니지만, 반드시 이루어질 것을 믿고 기다리는 것, 그것이 믿음이다.

믿음은 확신이다

믿음은 확신이다. 어떤 확신인가? 바라는 것들에 대한 확신이다. 개역개정 성경의 '실상'(헬, ὑπόστασις, 휘포스타시스)이라는 단어는 '아래에'라는 뜻의 '휘포(hypo)'와 '서게 하다, 확립하다'라는 뜻의 '히스테미(histemi)'가 합쳐진 말로[2] '확신'(assurance)이라는 의미다. 성경에서 이 단어는 문맥에 따라 그 의미가 '본질', '실체'(essence, substance 1:3)의 의미로 번역하기도 하고, '기초', '토대', '실질'(foundation, substance)의 의미로 번역하기도 한다. 또 '확신'(confident assurance 3:14, 고후 9:4, 11:17)의 의미로 번역하기도 하고, '보증', '증명'(guarantee, attestation)으로 번역하기도 한다.[3] 이렇게 실상(휘포스타시스)라는 말이 다양한 의미로 번역되지만, 분명한 것은 '믿음은 확신'이라는 점을 전달한다. 그래서 새번역에서는 '실상'이라는 말을 '확신'이라고 번역했다.

> 믿음은 바라는 것들의 확신이요, 보이지 않는 것들의 증거입니다.

1. 믿음은 바라는 것들의 실상이다　15

우리가 일반적으로 바라고 소원하는 것들, 희망하는 것들, 기대하는 것들이 있다. '꿈은 이루어진다'는 말처럼 말이다. 그러나 간절히 바라고 소원하는 것에 대한 '확신'이 없다면 기대하지도, 소망하지도 않는다. 이런 확신이 있을 때 사람은 포기하지 않고 끝까지 기대할 수 있다. 이것이 바로 믿음이다.

히브리서에서 말하는 간절한 바람은 하나님과 관계된 것이다. 하나님이 존재, 살아계심은 물론이고 하나님의 임재, 함께하심, 하나님의 도우심과 은혜, 약속, 그리고 하나님의 뜻의 성취에 대한 확신까지 포함한다. 믿음은 하나님의 능력, 하나님이 하시는 일의 성취, 하나님의 계획의 성취 등에 대한 확신이다. 하나님께서 자기 아들 예수를 이 땅에 보내신 일, 그리고 우리와 온 세상의 죄를 위하여 대신 죽으신 일, 부활하신 일과 다시 오신다는 약속에 대한 확신이다. 예수 그리스도를 믿고 그분의 이름을 힘입어 죄 사함을 받는다. 구원을 받는 것은 물론이고 장차 우리가 하나님과 예수 그리스도의 영광에 참여한다. 이것들에 대한 확신이다.

이 확신은 어떤 상황에서도 흔들지 않는 견고한 신뢰와 흔들림 없는 태도이다. 하나님의 약속이 더디 이루어져도 의심하거나 포기하지 않고 계속해서 약속이 성취될 것을 확신하는 것이다.

이 확신은 믿음에 심각한 도전을 받고 우리가 가진 믿음을 포기하도록 압력이나 강요를 받아도 계속해서 믿는 확신이다. 하나님을 믿는 우리의 믿음에 폭풍우가 휘몰아치고 고난과 시련이 파도처럼 밀려와도 확신을 가지고 믿음에 든든히 서 있는 것이다.

믿음은 보이지 않아도 '있다'고 확신하는 증거이다

히브리서 11:1절은 계속해서 믿음에 대해 말한다.

> 보이지 않는 것들의 증거니

'증거'(헬라어 Ἔλεγχος, elenchos)는 어떤 사실을 증명할 수 있는 근거를 뜻한다. 또는 재판장에서 사실로 인정할 수 있는 재료, 인적 증거, 물적 증거, 상황적 증거[4] 또는 근거이다.

따라서 믿음이 증거라는 말은 믿음이 어떤 사실의 진위를 증명하거나 판단할 수 있는 근거, 또는 틀림없고 확실하다는 증명을 뜻한다. 그래서 '증거'는 어떤 사실을 확고

하게 입증한다고 해서 확증(certain, conviction, evidence)이라고도 한다.

그렇다면 믿음은 무엇에 대한 증거인가? 어떤 것에 대한 사실 여부를 판단할 수 있는 근거이며, 확증인가? 보이지 않는 것들이다. 믿음은 우리 눈에 보이지 않는 것이 실제로 존재한다는 사실을 판별하고 입증해주는 근거가 된다. 눈에는 보이지 않는다고 해서 존재하지 않는 것은 아니다. 지금 이 순간에도 우리 눈에는 보이지 않지만, 실제로 움직이고 활동하는 것들이 많이 존재한다. 바로 이 보이지 않는 실체들의 존재를 증명해 주는 것이 믿음이다.

보이는 것 너머의 진실

사람들은 일반적으로 눈에 보이는 것을 더 잘 믿는다. 그것을 보고, 인식하고, 때로는 직접 만질 수 있기 때문이다.. 그래서 보이는 것이 '있다'고 믿고, 그것을 기준 삼아 판단한다. 보이는 대로 믿는 것은 인간에게 너무나 자연스럽고 익숙한 일이다.[5]

그러나 눈에 보이지 않는 것은 잘 믿지 못한다. 볼 수도 없고 만질 수도 없으며, 인식하거나 인지할 수도 없기 때문이다. 알 수도, 깨달을 수도 없는 것을 어떻게 믿을 수 있겠는가? 하지만 이 우주에는 우리가 보지 못하고 감지할 수 없지만, 실재하는 것들이 참으로 많다. 우리가 상상하거나 생각지도 못하는 것들은 보이는 것보다 보이지 않는 것들이 대부분이다.

우리의 오감(시각, 청각, 후각, 미각, 촉각)으로 감지할 수 없지만, 존재하는 것들이 얼마나 많은가? 물질세계는 눈에 보이지만, 영의 세계는 보이지 않는다. 인간의 오감은 물질세계에 국한되어 있다. 따라서 자신의 오감으로 감지하지 못한다고 해서, 다시 말해 내 눈에 보이지 않는다고 해서 그것이 존재하지 않는다고 단정하는 것은 어리석은 일이다.

많은 사람이 말한다. "봐야 믿겠다." 실제로 눈에 보이면, 그것은 있다고 믿고 존재한다고 생각한다. 반면, 보이지 않으면 존재하지 않는다고 여긴다. 그러나 이 세상의 모든 것을 우리는 다 볼 수 없다.

서울 남산 타워 주변에 5천 개가 넘는 자물쇠가 걸려 있다고 말하면 "무슨 그런 말도 안 되는 소리냐?"고 반문할 수 있다. 직접 보지 않았기 때문이다. 필리핀 가모티스 섬에 핫도그만한 노래기 벌레가 있다고 하면, 도저히 믿지 못하는 사람들도 있다. 하지만 그것을 직접 본 사람은 단호하게 "있다"고 말한다.

믿음은 보지 못해도 받아들이는 것

믿음은 단지 눈에 보이는 것만을 믿는 것이 아니라, 보이지 않아도 그 존재를 받아들이는 태도이다. 특히 성경이 말하는 믿음은, 보이지 않는 하나님과 성령님을 믿는 것이며, 지금 이 땅에 계시지 않고 하나님의 보좌 우편에 계신 예수 그리스도를 신뢰하는 것이다. 또한 지금은 보이지 않지만, 반드시 이루어질 하나님의 약속들을 믿는 것이기도 하다. 하나님은 지금도 자신의 뜻과 계획을 이루고 계시지만, 그 분의 활동은 우리 눈에 보이지 않는다. 믿음은 그런 하나님의 일하심도 신뢰하고 받아들이는 태도이다.

A. W. 토저는 "믿음은 마음의 눈으로 보는 것이다."[6]라고 표현했다. 그렇다. 믿음은 육신의 눈이 아니라, 마음의 눈으로 보는 것이다. 마음의 눈으로 보면, 보이는 것뿐 아니라 보이지 않는 것도 믿을 수 있다. 보이는 대로 믿는 믿음이 있는 것처럼, 믿음으로 보는 믿음도 있다. 마음으로 보기 때문에 알게 되는 것이 있고, 믿음으로 보기 때문에 깨달아지는 것이 있다.

예수님의 표현을 빌리자면, "육으로 난 것은 육이고 영으로 난 것은 영이다"(요 3:6). 영적인 일은 육신의 눈으로 볼 수 없고, 이해할 수도 없다. 영적인 일은 영적으로만 분별할 수 있다. 성령으로 거듭난 사람만이, 눈에 보이지 않는 하나님과 그분의 약속들을 믿을 수 있다.

> "우리는 세상의 영을 받지 아니하고 오직 하나님으로부터 온 영을 받았으니, 이는 우리로 하여금 하나님께서 우리에게 은혜로 주신 것들을 알게 하려 하심이라."(고린도전서 2:12).

선진들의 삶으로 보는 '보지 않고 믿는' 믿음

기독교 초기, 여러 이방 도시에서 세워진 교회들의 수많은 성도들은 믿음의 대상이 되는 예수님을 본 적이 없었다. 그런데도 그들은 예수님을 자신의 구원자로 믿었다. 베드로전서 1:8절 말씀이다.

> 예수를 너희가 보지 못하였으나 사랑하는도다. 이제도 보지 못하나 믿고 말할 수 없는 영광스러운 즐거움으로 기뻐하니

이 말씀은 당시 1세기 성도들의 믿음에 관한 세 가지를 말한다. 첫째, 그들은 예수님을 보지 못했다. 둘째, 예수님을 본 적이 없음에도 불구하고 그들은 예수님을 자신들의

구원자로 믿었다. 셋째, 지금도 보지 못하는데 예수님을 사랑하고, 믿으며, 또 영광스러운 즐거움으로 기뻐한다.

사람들은 보지 못했기 때문에 못 믿겠다고 한다. "백문이 불여일견이라는데, 봐야 믿을 수 있지 않느냐."고 한다. 하지만 당시 성도들은 과거에도, 지금도 예수님을 본 적도, 만난 적도 없었다. 그럼에도 예수 그리스도를 자신들의 구원자로 믿고 사랑했다.

믿음은 봐야만 믿을 수 있는 것이 아니다. A. W. 토저는 직접 목격해야 믿는 믿음에 대해 이렇게 말한다.

> 눈으로 본 다음에 믿는 것은 기껏해야 감각에 의지한 판단일 뿐이다. 그런 믿음은 신약성경이 말하는 믿음이 아니다. 신약성경이 말하는 믿음은 눈에 보이지 않는 것들에 대한 증언을 듣고서 믿는 것이다. 이 믿음은 세상 사람들이 흔히 말하는 믿음과는 다른 것이다.[7]

부활하신 예수님은 자신의 부활을 믿지 못하는 도마에게 "너는 봐야만 믿겠느냐? 그러면 너의 손가락으로 내 손의 못 자국과 내 옆구리의 창 자국을 찔러 보거라. 그리고 믿음 없는 자가 되지 말고 믿는 자가 되거라. 보고 믿는 자보다 나를 보지 않고도 믿는 자가 더 복이 있다"라고 말씀하셨다(요 20:27, 29). 예수님은 인간이 갖고 있는 두 가지 성향을 인정하셨다. 하나는 봐야만 믿을 수 있다는 점이고, 다른 하나는 보지 못하고도 믿을 수 있다는 점이다.

그런데 사람들은 보지 않고 믿으면 그런 믿음을 인정하지 않는다. '자기도취'라거나 '착각'이나 '세뇌'를 당했다고 한다. 반대로 믿는 사람들은 누가 자신에게 봐야만 믿겠다고 하면 답답하다고 한다. '믿음 없는 사람'이라고 정죄하기도 한다. 예수님의 말씀을 생각하면 그럴 필요가 없다. 서로 존중하고 더 깊은 믿음의 세계로 들어갈 수 있도록 도와주면 된다.

성경은 여러 곳에서 보지 못하고도 믿는 것을 말한다. 노아가 방주를 만들 때는 홍수가 일어난 후에 만든 것이 아니다. 홍수가 일어나기 전에 하나님의 경고하심을 받고, 홍수가 일어날 것을 대비하여 방주를 만들었다. 비 한 방울도 보지 않았지만, 하나님이 말씀하신 '보이지 않는 일'(홍수)을 현실로 받아들이고 보는 것처럼 방주를 준비했다. 그리고 실제로 세상을 멸망시키는 홍수가 발생함으로 인하여 하나님의 경고가 참되다는 증거가 되었다. 히브리서 11:7절 말씀이다.

믿음으로 노아는 아직 보이지 않는 일에 경고하심을 받아 경외함으로 방주를 준비하여 그 집을 구원하였으니 이로 말미암아 세상을 정죄하고 믿음을 따르는 의의 상속자가 되었느니라.

아브라함 역시, 하나님의 부르심을 받고 그분이 지시하시는 땅으로 갈 때, '갈 바를 알지 못하고 갔다'(히 11:8). 다시 말해 자신이 가는 곳을 보지 못했지만, 하나님의 인도하심을 믿고 순종한 것이다. 또 히브리서 11:16절에서 자신이 나온 고향(갈대아 우르)이 아니라 '더 나은 본향, 하늘에 있는 본향'을 사모하는 것도 보지 못하고 사모했다. 비록 하늘 본향을 보지 못했지만 믿었기 때문에 사모한 것이다.

히브리서 11:1절은 이렇게 말한다.

> 믿음은 바라는 것들의 실상이요, 보이지 않는 것들의 증거니

여기서 '바라는 것들'은 육신의 눈으로 보이지 않고, 마음으로 간절히 소망하는 것이다. 믿음은, 바라는 것들을 마치 실제로 본 것처럼 여기고, 이루어진 것처럼 확신하며 기뻐하는 태도이다. 보이지 않아도 이미 손에 잡히는 현실

처럼 받아들이는 것, 그것이 믿음이다.

어떻게 믿음은 보이지 않는 것을 증명하는가

그 해답은 의외로 단순하다. 믿음은 곧 믿는 대로 살아가는 행동을 통해 보이지 않는 것을 증명한다. 우리가 믿는 대로 말하고, 행동하고, 결정하는 삶 자체가 보이지 않는 하나님의 존재와 활동을 드러내는 증거가 된다. 고린도후서 5:7절 말씀이다.

> 우리가 믿음으로 행하고 보는 것으로 행하지 아니함이로다

믿음이 없는 사람은 보이는 것에 따라 행동하지만, 믿는 사람은 믿는 것에 따라 행동한다. 보이지 않아도, 볼 수 없어도, 있다는 것을 믿기 때문이다.

히브리서 11:2절에 나오는 '선진들'은 보이지 않는 것들을 실제처럼 믿고, 그 믿음에 따라 행동하며 살았다. 보이지 않는 미래를 오늘처럼 살았다. 자신들이 보이는 것으로 행하지 않고 믿음으로 행하고, 믿음으로 살면서, 세상을 향해 눈에 보이지 않는 것들에 대해 증거하고 증명했다. 그래서 하나님으로부터 훌륭하다는 인정을 받았다.

보이는 대로가 아니라 믿음으로 산다

세상의 대부분 사람은 보이는 것만 믿고, 보이는 대로 행동한다. 그러나 정작 가장 중요한 것들은 눈에 보이지 않는 경우가 많다. 하나님, 하나님의 나라, 하나님의 영, 그리고 구원의 계획은 모두 보이지 않는 실재들이다.

믿음의 사람은 보이지 않는 하나님의 계획과 약속을 믿고, 그 말씀을 따라 오늘의 삶을 살아낸다. 우리는 믿음으로 보이지 않는 것을 증명하며 살아가는 사람들이다.

눈에 보이는 대로 사는 것이 아니라, 믿음으로 행동하는 삶을 살아갈 때, 하나님께서도 우리를 믿음의 사람, 자신을 기쁘시게 하는 사람으로 인정하실 것이다.

믿음으로 안다

믿음의 놀라운 점 중의 하나는 '믿음으로 안다'는 것이다. 히브리서 11:3절에서 "믿음으로 모든 세계가 하나님의 말씀으로 지어진 줄을 우리가 아나니 보이는 것은 나타난 것으로 말미암아 된 것이 아니니라."라고 말씀한다.

이 말씀의 핵심은 '믿음으로 안다'는 것이다. 무엇을 아는가? '모든 세계가 하나님의 말씀으로 지어진 줄을 안다.'

'보이는 것은 나타난 것으로 말미암아 된 것이 아니다'라는 말씀에서 '보이는 것'은 우리 눈에 보이는 것이다. '나타난 것'은 출현한 것, 혹은 나온 것이라는 뜻이다. '보이는 것'과 '나타난 것'은 우리 눈에 보이는 피조물, 즉 하나님께서 창조하신 천지와 그 안에 있는 모든 피조물을 말한다.

이 말씀은 지금 우리 눈에 보이는 모든 것들은 눈에 보이는 것들로 말미암아 처음으로 생기거나 출현한 것이 아니라는 말씀이다. '창조된 것'에 의해서, 혹은 '피조물'에 의해서 창조되고 지어진 것이 아니다. 보이지 않는 것, 즉 보이지 않는 하나님과 하나님의 말씀으로 창조되어 이 세계에 처음으로 나타나고 보이게 되었다는 뜻이다.

이것을 어떻게 아는가? 믿음으로 안다.

> 믿음으로 … 우리가 아니니(히 11:3)

믿음은 눈에 보이는 것이 전부가 아니라는 것을 안다. 그렇기 때문에 눈에 보이는 것만 주목하지 않고, 눈에 보이지 않는 것도 주목하며 그것의 근원, 본질, 연원을 살핀다. 사도 바울도 고린도후서 4:18절에서 이렇게 말했다.

> 우리가 주목하는 것은 보이는 것이 아니요 보이지 않는 것이니 보이는 것은 잠깐이요 보이지 않는 것은 영원함이라.

하나님께서 세상을 창조하실 때 그것을 지켜본 사람이 있는가? 그것도 말씀으로 창조하신 것을 말이다. 아무도 없다. 오직 하나님만 지켜보셨다.

그렇지만 그리스도인은 이 세상이 하나님의 말씀으로 창조되었다는 것을 믿는다. 보지 못하고도 믿는다. 심지어 세상을 창조하신 하나님을 본 사람이 없는데도 하나님이 살아 계시고 또 우리와 세계와 우주를 통치하신다고 믿는다.

어떤가? 당신은 당신의 두 눈으로 확인할 수 있는 물리적인 세계를 믿는가? 그렇다면 '보이는 것은 나타난 것으로 말미암아 된 것이라'(히 11:3)는 말씀과 당신의 눈에 보이지 않고, 손으로 만질 수도 없는 영의 세계는 어떤가? 안 보이니 못 믿겠다고 치부하겠는가?

그리스도인은 눈에 보이는 이 세상뿐만 아니라 눈에 보이지 않는 영적인 것도 믿는다. 이 세계를 하나님께서 창조하셨다는 것을 믿는다. 그리고 앞으로 도래할 새 하늘과 새 땅도 믿는다. 우리가 살고 있는 이 세상 안에 하나님 나라도 이미 이루어지고 있고, 또 앞으로 완성될 것도 믿는다.

인생은 믿음으로 결판난다

알고 보면 사람들은 다 믿음을 가지고 산다. 어떤 사람은 재물의 힘을 믿거나, 권력과 권세의 힘을 믿는다. 어떤 사람은 자신이 아는 지식과 기술, 그리고 자신의 경험을 믿는 사람도 있다. 더러는 자신의 주변 사람들, 그것도 자신에게 도움이 되는 힘을 가진 사람들을 믿고 의지하는 사람도 있다.

또 있다. 은행을 믿는 사람, 자신이 투자한 주식을 믿는 사람, 비트코인을 믿는 사람도 있다. 자신의 인생을 좌지우지할 수 있는 대상으로 금붙이를 믿는 사람도 있고, 우상을 믿는 사람도 있으며 미신을 믿는 사람도 있다. 물론 하나님과 예수 그리스도를 자신의 구원자로 믿는 사람도 있다.

더러 자신이 무신론자이고 아무것도 믿지 않는다고 말하지만, 그 사람의 일거수일투족을 살펴보면, 온통 믿는 것투성이다. 하다못해 다른 사람은 못 믿어도 자기 자신을 믿고 있다는 것을 알 수 있다. 결국, 믿음 없이 사는 사람은 없다.

만일 나는 아무것도 믿지 않는다고 우기는 사람이 있다면, 그는 자신이 살고 있는 집 밖으로 한 발자국도 나갈 수 없을 것이다. 온통 위험투성이고 불신의 세계인데 어떻게 그가 사회 활동을 하며 어떻게 먹고 마시며 살 수 있겠는가? 믿기 때문에 음식을 사 먹고 대중교통이나 자가용을 이용하고, 믿기 때문에 여기저기 여행도 다니며 밤늦게 돌아다닐 수 있다. 사람은 삶 자체를 믿음으로 사는 것이다.

문제는 자신의 하루하루는 물론이고 자신의 전 인생과 영혼을 맡길 만큼 믿는지다. 그리고 그런 믿음은 무엇을 믿을 때 갖게 되는 믿음인가, 하는 것이다. 부분적으로는 믿지만 전적으로(절대적으로) 믿지 못하는 것들이 많기 때문이다. 당신은 당신의 목숨, 당신의 미래, 당신의 운명과 영혼을 송두리째 의탁할 수 있는 믿음의 대상이 있는가?

당신이 동의할지 모르지만 나는 사람은 육체뿐만 아니라 영혼이 있다고 믿는다. 그리고 우리가 사는 이 세상과 더불어 '오는 세상', 즉 새로운 세상이 있다고 믿는다. 금생과 내생이 있다고 믿는다. 사람은 한평생 살다가 죽으면 그것으로 끝나지 않고 죽음 이후가 있다고 믿는다.

또 내가 믿는 것은 모든 사람이 한 번 죽는 것은 정해져 있어서 모든 사람이 죽는다는 것이다. 그러나 그 후에 반드시 심판을 받는다고 믿는다. 그리고 하나님께서 각 사람이 행한 대로 심판하신다고 믿는다. 그래서 죄를 지으면 죄의 형벌을 받고 선을 행하면 그에 따른 보상을 받을 것이다.

또 내가 믿는 것은 죄인을 구원해 줄 구원자가 있다고 믿는다. 그분은 바로 하나님의 아들 예수 그리스도이시다. 예수 그리스도를 진심으로 믿는 사람은 예수님이 하신 일 때문에 죄 용서를 받고 죄의 형벌과 심판도 받지 않는다.

나는 성경이 하나님의 말씀이라고 믿고, 성경은 하나님의 영이신 성령의 감동으로 기록된 책이라고 믿는다. 그리고 이 성경이 사람의 행동과 삶의 유일한 법칙이라고 믿는다. 이 외에도 내가 믿는 것들이 참으로 많다. 그것은 모두 성경책, 즉 하나님의 말씀에 근거를 두고 있다.

이렇게 내가 믿는 것에 대해 말하는 것은, 당신의 동의를 얻고 싶어서가 아니다. 내가 믿는 것이 성경이 말하는 진리이며 그 진리가 무엇인지를 알려주고 싶어서 말하는 것뿐이다.

물론 당신도 내가 믿는 것들에 대해 어떤 것은 동의할

수도 있고 또 어떤 것들은 동의하기 어려울 수도 있을 것이다. 나도 안다. 서로의 믿는 것이 다를 수 있기 때문이다.

그런데 실제로 사람에게 영혼이 있고, 죽고 나면 심판이 있고, 또 오는 세상이 있다면 어떻게 되겠는가? 당신은 당신의 영혼을 구원할 수 있는 방편이 있는가? 당신은 심판을 받지 않을 만큼 선하게, 당신을 심판하는 하나님을 만족시킬 만큼 그분의 뜻대로 살고 있는가? 당신은 오고 있는 세상에 들어갈 자신이 있는가? 있다면 무엇 때문에 그렇게 자신하는가?

모든 사람은 저마다의 믿음을 갖고 산다. 당신이 갖고 있는 믿음이 당신을 구원할 수 있는가?

여기서 내가 당신에게 하고 싶은 말을 하려고 한다. 그것은 바로 '당신 인생은 당신이 믿는 믿음으로 결판난다'는 것이다.

왜 그런가? 사람은 자신이 믿는 것을 따라간다. 믿는 대로 행동한다. 그런 행동이 모이고 모여서 자신의 인생을 형성한다. 지금의 당신은 지금까지 당신이 믿어 왔던 것들로 만들어진 모습이다. 당신이 생각하는 것, 당신이 선택하고 결정하는 것, 당신이 결단하고 실행에 옮기는 것 등, 모든 것이 당신의 믿음에 기초해서 이루어졌다.

심지어 방구석에서 뒹굴거나 컴퓨터 게임에 매달리면서 시간을 보낸 것도 당신이 믿는 구석이 있기 때문에 그렇게 보내는 것이다. 분명한 확신을 가지고 잘될 것이라고 믿었든지 아니면 될 대로 되라고 믿었든지 말이다.

무엇을 믿어야 하는가

나는 앞에서 내가 믿는 것을 말하면서, 모든 사람은 한 번 죽고 그 후에 심판이 있다는 것과, 심판하시는 분은 하나님이라는 것을 말했다. '심판하는 분이 하나님'이시라면, 당신 인생에 대해 평가하는 분은 하나님이 될 것이다.

당신이 70년을 살았고 80년을 살았다고 하자. 당신이 지나온 당신의 삶을 돌아보면서, '그래. 이렇게 살았으면 됐지. 그런대로 잘 살았잖아!'라고 말할지 모르겠다. 또 당신 주변 사람들도 당신을 향해 '당신은 정말 훌륭한 사람입니다. 당신의 인생은 멋지고 아름답습니다. 우리도 당신처럼 살고 싶습니다'라고 칭찬할지 모르겠다.

그런데 하나님께서는 뭐라고 평가하실까? '너는 네가 하고 싶은 대로 하면서 네 마음대로 살았구나. 너는 언제쯤 내 뜻을 받들어 너의 삶을 살겠니?'라고 하신다면, 당신은 제대로 잘 산 것일까? 당신의 인생을 평가하고 판단하시며 심판하시는 분이 '나와 상관없이 살았구나'라고 한다면, 그 인생이 성공한 인생일까? 나는 제대로 잘 살았다고 생각하고 하나님 앞으로 갔는데 하나님께서 '불법을 행한 자야, 나는 너를 알지 못한다. 내 나라에 들어올 수 없다'라고 말한다면 얼마나 황망하겠는가?

그래서 사람은 믿음을 가지고 살 때 무엇을 믿느냐가 중요하다. 그냥저냥 이것저것 아무거나 막 믿고 살면 안 된다. 당신의 인생을 송두리째 책임질 수 있고, 금생과 내생을 보장할 수 있는 대상을 믿어야 한다. 바로 하나님과 예수 그리스도이시다. 그분이 심판자이고 금생과 내생의 삶을 결정하며, 이 세상과 오는 세상을 결정하기 때문이다.

예수님이 들려주신 예화를 하나 나누고 싶다. '부자와 나사로' 이야기(눅 16:19~31)다. 어느 부자가 있었다. 그는 재물이 풍성해서 매일 진수성찬에 맛있는 음식을 먹었다. 좋은 옷을 입고 호의호식하며 살았다. 그는 우리처럼 마트에 가서 1+1을 찾거나 유통기한이 임박한 저렴한 상품을 고르지 않았다. 최고급, 그것도 가장 좋은 식품들과 물건들만 골랐다. 하고 싶은 것이 있으면 망설이지 않았다. 그럴만한 재력이 있었기 때문이다.

그런데 이 부잣집 문 앞에는 거지가 진을 치고 있었다. 바로 나사로라는 이름을 가진 거지다. 그가 이 부잣집 앞을 떠나지 않는 이유는 부자가 먹다 버린 음식으로 끼니를 때울 수 있고 부자가 버린 옷으로 몸을 가릴 수 있었기 때문이다.

그런데 공교롭게도 거지 나사로도 죽고 부자도 죽었다. 이 두 사람이 이 세상에서 살 때는 하늘과 땅만큼 차이 나는 삶을 살았다. 부자는 매일 호의호식하며 살았고 나사로는 굶주림과 추위 속에 살았다.

그렇지만 참으로 공평한 것은 바로 '죽음'이다. 부자라고 죽음을 피할 수 있었던 것도 아니고, 가난하다고 죽음을 면제받은 것도 아니었다. 두 사람 다 죽음 앞에서는 공평했으며 또한 평등했다. 모든 사람에게 평등하고 공평한 것이 죽음이다. 그래서 두 사람 다 죽었다.

하지만 죽음으로 끝나지 않았다. 죽으면 모든 것을 잊고, 아무 생각도 없고, 느낌도 없는, 무의 상태로 들어간 것도 아니었다. 죽으면 모든 것이 사라지니 '죽으면 그만!'인 것도 아니었다. 하나님의 아들이신 예수님의 입에서 나온 이야기는 인간의 죽음과 죽음 이후에 대한 진리를 말한다.

두 사람이 죽은 후 모든 것이 달라졌다. 거지 나사로는 아브라함의 품에 안겼다. 그러나 부자는 지옥 불구덩이에 떨어졌다. 그곳은 불 못, 곧 지옥이었고 하루 한시도 쉬지 않고 불 가운데서 고통을 받았다. 영원히.

성경의 표현에 따르면, 아브라함은 하나님을, 아브라함의 품은 천국을 의미한다. 불 못은 지옥을 의미한다. 사람은 죽음 이후에 전혀 다른 두 세계 중 한 곳으로 가게 된다는 것을 알려주는 것이다.

지옥에서 너무나 힘들었던 부자는 아브라함에게 부탁한다.

"나사로의 손가락에 물을 찍어, 내 혀끝을 식혀 주십시오."

그러나 손가락에 묻은 한 방울의 물조차도 허락되지 않았다. 천국과 지옥 사이에는 큰 구렁이 있어 왕래할 수 없기 때문이다.

지옥은 친절과 자비가 없는 곳이다. 지옥은 은혜가 없는 곳이다. 지옥은 오직 고통과 절망만 있는 장소다.

너무 고통스러운 부자는 살아 있는 자식과 가족, 그리고 다섯 형제를 생각했다. 그리고 이렇게 간청한다.

"죽은 나사로를 다시 보내어, 그들에게 이곳을 알리게 해 주십시오. 그래서 그들도 이 고통스러운 지옥에 오지 않게 하소서."

그러나 이 요청도 거절되었다. 이유는 이미 세상에는 선지자들과 복음을 전하는 자들이 지옥 사망을 피하라고 말하고 있기 때문이다. 영원한 생명을 얻고 하나님 나라에 들어갈 방법을 가르쳐주고 있기 때문이다. 그런데 그들의 말을 듣지 않는다면, 죽은 자가 살아서 말한다고 해도 믿지 않을 것이기 때문이다.

무엇이 당신의 믿음인가?

예수님은 이 비유를 통해 분명히 말씀하신다. 누가 복음을 전하든 지금 들을 수 있을 때 믿는 것이 중요하다. 그렇지 않으면 기회는 지나간다.

믿음은 당신의 운명을 결정짓는다. 특히 하나님과 예수 그리스도를 믿는 믿음은 당신의 현재뿐 아니라 영원한 미래를 좌우한다. 이 세상의 삶뿐만 아니라 다음 세상, 즉 오고 있는 세상에서 당신의 삶을 결정짓는다.

그래서 당신은 어떻게 하겠는가?

지옥이냐 아니면 천국이냐. 그 결정은 당신의 믿음 속에서 이미 진행되고 있다.

2.
믿음은 하나님을 기쁘시게 한다

히브리서 11:6

　하나님께서 무엇을 기뻐하실까? 여호와 하나님을 기쁘시게 하는 것은 무엇일까? 하나님을 경외하는 것, 하나님의 계명에 순종하는 것, 하나님을 섬기고 사랑하는 것, 하나님이 주신 사명을 충실하게 감당하는 것 등 어느 것 하나 하나님께서 기뻐하시지 않는 것은 없다. 하지만 히브리서 11:6절은 믿음이 없이는 하나님을 기쁘시게 하지 못한다고 단호하게 말씀하신다.

　왜 믿음이 하나님을 기쁘시게 하는가? 하나님을 기쁘시게 하는 데 있어서 왜 이렇게 믿음이 중요한가? 도대체 믿음이 무엇이기에 '믿음이 없이는 하나님을 기쁘시게 할 수 없다'고 단호하게 말씀하시는가?

믿음이 없이는 하나님을 기쁘시게 하는 것이 불가능하다

"믿음이 없이는 하나님을 기쁘시게 할 수 없다"는 이 말씀은 단순하게 하나님을 즐겁게 해 드리는데 '부족하다'는 뜻이 아니다. 하나님을 기쁘시게 하는 것 자체가 '불가능하다'는 뜻이다. 믿음이 빠진 상태에서는 하나님을 기쁘시게 할 수 있는 것이 없고 그런 일은 불가능하다.

왜 믿음이 없이는 하나님을 기쁘시게 할 수 없는가? 물론 우리의 예배와 찬양과 기도와 감사, 헌신과 봉사, 전도와 선교, 정직한 삶 등도 하나님을 기쁘시게 한다.

하지만 믿음은 모든 신앙 행위의 기반이요 기초이며, 대전제이다. 믿음이 신앙의 출발점이다. 믿음은 하나님을 향한 우리의 신앙과 행위의 뿌리이며 본질이다. 하나님을 위하는 모든 일들이 믿음으로부터 나올 때만 참된 의미를 갖는다. 그렇기 때문에 믿음이 없이는 다른 어떤 것으로도 하나님을 기쁘시게 할 수 없다.

특히 믿음은 하나님과의 관계를 시작하고 유지하는 유일한 것이다. 믿음이 없이는 하나님과 연결될 수 없다. 하나님과의 관계 성립은 믿음으로 시작된다. 하나님을 섬기는 일도 믿음으로 가능하다. 하나님을 위해 예배드리고,

봉사하고, 하나님의 뜻을 이루는 일은 믿음으로 한다.

만일 믿음 없이 그런 일을 한다면, 그것은 자신을 속이는 일이다. 하나님은 믿음 없이 예배하고 봉사하는 것을 기뻐하지 않는다. 하나님을 믿는 믿음이 없으면서도 사회에서 하나님이나 예수님의 이름을 들먹이는 것, 교회 이름을 들먹이며 일하는 것을 기뻐하지 않는다. 믿음 없이 하나님을 기쁘시게 하고자 한다면, 그것은 위선이고 자기 의이며 종교적 열심일 뿐이다.

하나님은 우리 중심을 보신다. 믿음은 우리의 중심을 다룬다. 우리 중심에서 하나님을 향한 진심이 있어야 한다. 그것이 바로 하나님을 믿는 믿음이다.

믿음이 하나님을 기쁘시게 하는 이유는, 믿음이야말로 우리 중심에서 하나님을 하나님으로 인정하기 때문이다. 믿음은 우리로 하여금 하나님의 존재를 인정하고, 그분의 말씀을 신뢰하며, 하나님의 성품에 기대어 살게 한다. 믿음은 하나님을 영화롭게 한다.

우리는 하나님을 기쁘시게 하기 위해 무엇을 더 해야 할지 고민한다. 그런데 하나님이 우리에게 기대하는 것은 하나님이 계시다는 것을 믿는 믿음이다. 행위보다 믿음을 더 바라신다.

하나님께 나아가는 자는 반드시 믿음으로 나아가야 한다

하나님 앞으로 나아가는 사람은 나름의 어떤 목적을 갖고 나아간다. 예를 들면, 회개하며 하나님 앞으로 나아가는 사람이 있을 것이고, 제사나 예물을 드리려고 하나님 앞으로 나아가는 사람도 있을 것이다. 또는 하나님의 일을 하기 위해 나아가는 자도 있을 것이고, 하나님께 기도하기 위해서, 하나님의 긍휼과 자비를 구하기 위해서 하나님 앞으로 나아가는 사람도 있을 것이다. 자신이 목적한 바를 이룰 수 있도록 하나님의 도움을 구하기 위해 나아갈 수도 있다. 이처럼 다양한 이유와 목적을 가지고 하나님 앞으로 나아간다.

당신은 어떤 목적과 마음으로 하나님 앞으로 나아가는가? 하나님은 자신에게 나아오는 자들에게 무엇을 요구하시는가? 이것에 대해 미가 선지자는 이렇게 질문한다.

> 여호와께서 천천의 숫양이나 만만의 강물 같은 기름을 기뻐하실까? 내 허물을 위하여 내 맏아들을, 내 영혼의 죄로 말미암아 내 몸의 열매를 드릴까?

"여호와 하나님께서 무엇을 기뻐하실까?"라고 질문한 그는 미가서 6:7~8절에서 스스로 그 답을 말한다.

> 사람아, 주께서 선한 것이 무엇임을 네게 보이셨나니 여호와께서 네게 구하시는 것은 오직 정의를 행하며 인자를 사랑하며 겸손하게 네 하나님과 함께 행하는 것이 아니냐?

미가 선지자의 말에서 하나님께 나아가는 자가 정의를 행하고 인자를 사랑하고 겸손히 하나님과 함께 행해야 한다는 것을 본다. 이것은 믿음의 삶을 가리키는 말이다.

> 화 있을진저 외식하는 서기관들과 바리새인들이여 너희가 박하와 회향과 근채의 십일조는 드리되 율법의 더 중한 바 정의와 긍휼과 믿음은 버렸도다 그러나 이것도 행하고 저것도 버리지 말아야 할지니라(마 23:23).

믿음은 없고 그저 숫양이나 강물 같은 기름을 바치는 것에 급급한 사람들에 대해서, 그리고 그들의 예물에 대해서 하나님은 기뻐하지 않고 역겹다고 하신다.

아모스 선지자도 비슷하게 말한다.

내가 너희 절기들을 미워하여 멸시하며 너희 성회들을 기뻐하지 아니하나니(암 5:21).

왜 여호와 하나님께서는 하나님의 백성들이 절기를 지키고 성회로 모여 하나님께 예배하는 것을 기뻐하지 아니하시는가? 왜 하나님은 번제나 소제, 그리고 살진 희생의 화목제물을 드려도 돌아보지 아니하시는가? 왜 하나님은 하나님의 백성들이 찬양하는 찬양 소리와 악기 소리를 듣지 않으시고 오히려 그치라 하시는가?

그 이유는 하나님을 믿지 않고 우상을 숭배한다. 그리고 하나님을 믿는 믿음의 열매인 '공의와 정의의 삶', '이웃을 사랑하는 삶'이 없기 때문이다. 그러면서 뻔뻔하게 하나님께 나아와 번제나 소제, 화목제물을 바치기 때문이다(암 5:22~27).[1]

유다 나라가 멸망하기 직전에 사람들은 스바에서 수입한 향품과 먼 땅에서 가져온 값비싼 향료를 하나님께 바쳤다. 그런데 하나님은 그것을 기뻐하지 않으셨다. 오히려 "스바에서 들여오는 향과 먼 땅에서 가져오는 향료가, 나에게 무슨 소용이 있느냐? 너희가 바치는 온갖 번제물도 싫고, 온갖 희생제물도 마음에 들지 않는다"(렘 6:20)라고 말씀하셨다.

그 이유는 하나님을 믿지 않고 사랑하지도 않으면서 사랑하는 척, 하나님을 위하는 척하기 때문이다. 그들은 우상을 사랑하고 숭배하면서 하나님을 업신여겼다. 여호와 하나님을 믿지 않고 온갖 희생 제물만 바쳤다. 하나님이 말씀하신 진리의 길을 걷지 않고 자기들이 보기에 좋아 보이는 길을 걸었다. 그 길이 세상 길이고 심지어 멸망으로 치닫는 길임에도 말이다.

하나님께서 생명의 길을 가르쳐 주셔도 비웃고 그 길로 가지 않았다(렘 6:15). 그런 자신들을 부끄러워하지도 않았다. 그리고 하나님의 진노가 폭발할 것이고 북쪽에서 적들이 쳐들어와 유다 나라를 멸망시킬 것이라고 말해도 비웃었다. 그들은 평안하다, 평안하다, 평안하다며 스스로를 위로했고, 그러한 말이 주는 안심을 좋아했다.

생각해 보라. 하나님 앞으로 오는 사람들이 값비싼 외국산 향료와 향품을 하나님께 바치면서도, 정작 하나님을 믿지 않고, 그분의 길을 따르지 않는다면, 하나님께서 어찌 기뻐하실 수 있겠는가? 하나님의 말씀을 귀담아듣지 않고, 율법에 순종하지도 않는데, 어떻게 기뻐하실 수 있겠는가? 여호와를 자신들의 하나님으로 인정하지도 않으면서, 자아도취적인 믿음으로 괜찮다고 말하는 사람들을 어떻게 기뻐하실 수 있겠는가? 하나님은 값비싼 예물보다 진실한 믿음을 더 기뻐하신다. 화려하고 웅장한 예배보다 하나님의 말씀을 믿고 기쁨으로 순종하는 것을 더 기뻐하신다.

하나님의 일을 하면서 하나님을 믿는 믿음이나 하나님을 영화롭게 하려는 목적 없이 일한다. 그러면서 '내가 이렇게 일하면 하나님으로부터 인정을 받을 것이다. 내가 이만큼 헌신하고 봉사하면 하나님이 나를 알아주실 것이다.' 하는 잘못된 믿음을 갖게 된다. 결국 자기 의에 빠지게 된다.

기도도 마찬가지다. 하나님께 간구하지만, 믿음 없이 기도하는 경우가 있다. 공허한 마음으로 기도하거나 습관적으로 기도할 뿐, 믿음도 확신도 없다. 그래서 기도한 후에 의심한다. 하나님은 이런 사람의 기도는 듣지 않으신다. 응답도 안 해 주신다. 이렇게 기도하는 사람을 기뻐하지도 않는다. 그럼에도 사람들은 기도하는 것 자체에 만족해 한다. 간절히 기도하고 나서 속이 시원해진 것을 은혜 받은 것으로 착각할 때도 있다.

하나님이 원하시고 기뻐하시는 사람은 많이, 얼마나 열정적으로 기도하느냐에 따라 결정되는 것이 아니다. 믿음을 갖고 기도하는 사람이다. 기도하기 전에 하나님께서 내 기도를 들어주신다는 믿음을 갖고 기도하고, 또 기도하면서도 믿고 기도하며, 기도한 후에도 의심하지 않고 하나님께서 내가 기도한 대로 응답해 주실 것을 믿는 사람이다. 설사 하나님께서 기도한 것에 대해 들어주시지 않는다고 해도 계속해서 하나님을 믿고 신뢰하며, 하나님을 경외하고 섬기는 사람을 기뻐하신다.

당신이 하나님께 나아갈 때 어떤 마음으로 나아가는지 점검해 보라. 하나님은 진실한 믿음으로 나아오는 자를 기다리신다. 언제 어디서든지 믿음으로 나아가면 하나님께서 크게 기뻐하실 것이다.

하나님을 기쁘시게 하는 믿음은 어떤 믿음인가

하나님 앞에 나아오는 자에게 요구하는 것은 믿음이라고 했다. 그렇다면 하나님은 어떤 믿음을 요구하시는가?

믿음은 그 종류가 다양하다. 예를 들면, '명왕성은 더 이상 행성이 아니라'는 사실을 믿는 믿음, '꿈은 이루어진다!'라는 자기계발적인 믿음, '나는 당신이 그 일을 충분히 해낼 것이라고 믿는다'고 믿는 믿음, '당신이 약속을 반드시

지킬 것이라'라고 믿는 믿음, 1+1=2라는 수학적인 믿음, 예금에 대한 신뢰, 300km 이상으로 달리는 고속 열차를 타거나 하늘을 나는 비행기를 타는 믿음 등, 다양한 믿음이 있다. 이런 믿음은 사실에 근거하거나, 어떤 논리적 명제, 경험적 증거, 심리적 확신에 기초하기도 한다.

하지만 하나님이 기뻐하시는 믿음은 이런 믿음과 다르다. 하나님을 기쁘시게 하는 믿음은 어떤 믿음인가? 히브리서 11:6절에서 말하는 믿음을 하나님은 기뻐하신다.

> 믿음이 없이는 하나님을 기쁘시게 할 수 없나니 하나님께 나아가는 자는 반드시 그가 계신 것과 또한 그가 자기를 찾는 자들에게 상 주시는 이심을 믿어야 할지니라(히 11:6).

하나님이 계신다고 믿는 믿음

하나님께서 기뻐하시는 믿음은 두 가지 사실을 믿는 것을 말한다.

첫째, 여호와 하나님께서 '계신다'는 것을 믿는 믿음이다. 사람들은 신에 대한 막연한 믿음을 가지고 있다. 신이 존재할지도 모른다고 하는 정도의 믿음이다. 또 신이 구체적으로 누구인지 모르고 막연하게 믿는 믿음도 있다. 마치

'천지신명'을 믿는 것처럼 말이다.

어떤 사람은 하나님에 대한 이야기를 신화나, 혹은 비과학적인 것으로 치부한다. 사람들이 꾸며낸 신, 만들어 놓은 신이라고 말하는 사람도 있다. 그런가 하면 어떤 사람은 신은 죽었다고 말하기도 한다. 신이 죽었기 때문에 인간 세상이 되었고, 인간은 자기 삶에 대해 주체적으로 살아야 한다는 것이다. 다 좋다. 사람들이 이렇게 생각하는 것을 어떻게 막겠는가?

하지만 히브리서 11:6절에서 말하는 믿음은 '하나님이 있다', 혹은 '존재한다'는 믿음이다. '그가 계신다'에 해당하는 헬라어 ἔστιν(에스틴)의 동사는 '에이미(εἰμί)의 현재 시제이다. 따라서 하나님이 '계신다'는 단순히 존재하신다는 사실을 넘어 '지금 계신다', 혹은 항상 현재로 계시는 하나님, 즉 '항상 살아계신다'는 의미이다. 여호와 하나님이 과거에도 계셨고, 지금도 계시며, 또 언제나 살아계시는 하나님이시다. 여호와 하나님의 존재를 믿는 믿음에서 지금도 살아계신다고 믿는 믿음으로 나아간다.

그리고 항상 현재로 계시는 하나님은 죽지 않고 영원히 생존하실 뿐만 아니라 인간사의 모든 것을 다스리시고 통치하시는 하나님이시다. 하나님은 과거 이스라엘의 조상들과 함께하셨을 뿐만 아니라 지금도 우리와 함께 하시면서 우리의 희노애락에 깊이 동참하신다. 그리고 우리 삶에서 하나님의 뜻과 계획을 성취하시고, 세상의 모든 것을 하나님의 섭리로 이끄신다.

그러므로 하나님께 나아가는 자가 반드시 하나님의 살아계심을 믿고, 과거와 현재, 미래를 초월해 영원히 현존하시며(계시면서) 우리 삶의 모든 것을 주관하신다는 것을 믿을 때, 하나님은 기뻐하신다. 다시 말해 하나님께서 세상의 모든 것을 주관하신다는 것을 믿을 때 하나님은 기뻐하신다.

하나님께서 기뻐하시는 믿음은 여기서 한 걸음 더 나아간다. 바로 살아계시면서 세상의 모든 것의 주관자이신 하나님이 '나의 하나님이시라'고 믿는 믿음이다. 살아계신 하나님이 나와 아무런 관계 없는 분이 아니라 나의 하나님이시다, 과거에도 그랬듯이 지금 그리고 앞으로도 영원히 나의 하나님이시다고 믿는 믿음을 기뻐하신다.

내 아내가 믿는 하나님이지만 동시에 나의 하나님이시다. 아브라함의 하나님, 이삭의 하나님, 야곱의 하나님이 '나의 하나님'이시다. 다윗의 하나님이 나의 하나님이시다. 야곱과 모세와 엘리야의 기도를 들어주신 여호와 하나님이 나의 하나님이시다. 요단강을 건너게 하시고 여리고 성을 무너뜨리며 가나안 땅을 정복하여 기업으로 삼게 하신 여호와 하나님이 나의 하나님이시다.

살아계신 하나님이 나의 하나님이심을 믿고 하나님께 도움을 요청하는 믿음을 기뻐하신다. "여호와 하나님이여, 나를 도와주옵소서. 나의 하나님 여호와여, 나를 긍휼히 여기시고 은혜를 베풀어 주옵소서. 지금도 살아서 권능과 권세와 능력으로 모든 것을 다스리시는 여호와 나의 하나님, 나를 불쌍히 여기시고 도와주옵소서." 이렇게 하나님의 존재와 살아계심, 그리고 세상의 주관자이신 하나님을 나의 하나님으로 믿을 때 하나님은 기뻐하신다. 그리고 하나님은 자신을 '나의 하나님'으로 믿고 하나님께 호소하고, 간구하고, 부탁하고, 도움을 요청하는 사람을 즐겁게 도와주시고 은혜를 베풀어 주신다.

하나님께서 상 주신다고 믿는 믿음

둘째, '하나님을 찾는 자들에게 하나님께서 상을 주시는 분이시라'고 믿는 믿음이다. 히브리서 11:6절 하반부에 "하나님께 나아가는 자는 반드시 그가 계신 것과 또한 그가 자기를 찾는 자들에게 상 주시는 이심을 믿어야 할지니라"고 말씀한다.

여기서 '찾는다'는 말은 한두 번 찾고 마는 것이 아니라 계속해서 찾는 것을 뜻한다. 하나님을 찾는 데 나타나지 않아도 찾고, 꼭꼭 숨어계셔서 도저히 찾을 수 없을 때도 포기하지 않고 찾는 것을 말한다. 하나님께서 침묵하고 어떤 반응도 보이지 않아도 하나님을 찾는다. 심지어 하나님을 찾는 데 방해가 있고 장애물이 있어도 찾는다. 이렇게 포기를 모르고 하나님을 찾는 사람은 바로 '믿음'을 가진 사람이다. 그의 믿음이 계속해서 하나님을 찾게 만든다.

이사야는 하나님의 백성들에게 "너희는 여호와를 만날 만한 때에 찾으라. 가까이 계실 때에 그를 부르라."(사 55:6)라고 촉구한다. 아모스도 "너희는 여호와를 찾으라. 그리하면 살리라."라고 훨씬 더 강도 높게 촉구한다(암 5:4, 6).

그리고 역대하 15:2절에서 우리가 포기하지 않고 하나님을 찾으면 하나님을 만나게 된다고 말씀한다. 그러면서 하나님을 향한 우리의 반응이 우리를 향한 하나님의 반응을 결정짓는다고 말씀한다. 역대하 15:2절 말씀이다.

> 그가 나가서 아사를 맞아 이르되 아사와 및 유다와 베냐민의 무리들아, 내 말을 들으라. 너희가 여호와와 함께하면

여호와께서 너희와 함께하실지라. 너희가 만일 그를 찾으면 그가 너희와 만나게 되시려니와 너희가 만일 그를 버리면 그도 너희를 버리시리라.

하나님을 '찾는다'는 말은 곧 하나님께 '간다'는 말과 같다. 당신이 하나님과 함께 있기 위해, 그분과 친밀한 교제를 하기 위해 하나님께 갈 수 있다. 하나님의 선하시고 기뻐하신 뜻이 무엇인지 묻기 위해, 혹은 당신이 어떤 선택을 하는 것이 하나님을 영화롭게 하는 것인지를 알기 위해 하나님께 갈 수도 있다.

또 당신이 절박할 때 하나님의 도움을 받기 위해 하나님께 갈 수 있다. 부끄럽고 송구스럽지만, 회개하면서 하나님의 용서를 받기 위해 하나님께 나아갈 수도 있다.

이렇게 하나님께 나아갈 수 있는 것은 하나님께서 상 주시는 분이심을 믿기 때문이다. '상을 주신다'는 말의 기본적인 뜻은 '보상해 주신다'는 말이다. 하나님께서 자기를 찾는 자에게 어떤 보상을 해주시는가?

하나님께서 자신을 상으로 주신다

가장 큰 보상은 하나님을 찾는 자에게 하나님께서 '자신을 보상으로 주신다'는 점이다. 창세기 14장을 보면 가나안과 그 주변 땅에 살고 있는 왕들 사이에 큰 싸움이 일어났다. 이때 아브라함의 조카 롯과 그의 가족이 사로잡혀갔고 재물까지 노략을 당했다.

아브라함은 조카 롯을 구하기 위해 자기 집에서 훈련시킨 318명을 거느리고 쫓아가서 엘람 왕 그돌라오멜을 비롯해 다른 왕들을 물리쳤다. 그리고 자기 조카 롯과 그의 부녀와 친척들, 빼앗겼던 모든 재물을 다 찾아왔다(창 14:9~16).

이 승리 이후 아브라함은 그돌라오멜 왕과 함께한 왕들이 다시 연합해 자신을 치러 오지 않을까 두려웠다. 아브라함이 두려워하며 노심초사하고 있을 때, 하나님께서 아브람에게 "두려워하지 말라. 나는 네 방패요 너의 지극히 큰 상급이니라"(창 15:1)라고 말씀해 주셨다. 하나님이 상급이시고 하나님이 아브라함을 보호해 주는 방패라고 말씀하신 것이다. 하나님은 자기를 찾는 자의 편이 되어 주시고 그의 방패가 되어 주신다. 그의 힘이 되어 주신다. 넉넉히 도와주시고 보호해 주신다. 세상은 돈이나 성공, 명예를 보상으로 여긴다. 그러나 하나님은 자기를 찾는 자에게 물질적 보상을 뛰어넘어 자신을 상급으로 주시는 '관계적 보상'을 해 주신다.

"나는 너의 지극히 큰 상급이니라." 이것이 하나님께서 주시는 가장 큰 보상이다.

찾는 자를 만나 주신다

하나님께서 자기를 찾는 자에게 상을 주시는데 그 상은 무엇인가? 바로 만나주시는 상이다. 역대하 15:2b절 말씀이다.

> 너희가 여호와와 함께하면 여호와께서 너희와 함께하실지라. 너희가 만일 그를 찾으면 그가 너희와 만나게 되시려니와 너희가 만일 그를 버리면 그도 너희를 버리시리라.

하나님께서 자기를 찾는 자에게 주시는 상은 '만나주시는 상'이다. 우리가 하나님을 가까이하면 하나님께서도 우리를 가까이해 주신다. 하나님과 함께하면 하나님께서도 그 사람과 함께해 주신다. 하나님은 자기를 찾는 자를 만나주신다.

'우리를 만나주시는 하나님', 이 진리는 우리에게 있어서 큰 은혜이고 복이다. 왜냐하면 함부로 만날 수 없는 분이시기 때문이다. 구약 시대에는 하나님의 집, 다시 말해 지성소와 성소 사이에 휘장이 쳐져서 하나님을 만나러 들어갈 수 없었다. 하나님의 얼굴을 마주 볼 수도 없었다. 하나님을 만난다는 것은 죽음을 각오해야 하는 일이었다.

그런데 예수 그리스도께서 자기 육체로 이 휘장을 찢으시고 하나님을 만날 수 있는 새로운 살길을 내셨다(히 10:20). 그리고 예수 그리스도는 우리가 언제 어디서든지 아무런 제약 없이 하나님을 만날 수 있도록 우리의 큰 대제사장이 되셨다(히 10:21). 더 나아가 우리가 하나님을 만나도 죽지 않도록 우리의 악한 양심과 몸을 예수님의 보혈로 깨끗하게 씻어 참 마음과 온전한 믿음으로 하나님을 만날 수 있게 하셨다(히 10:22).

이후부터 모든 것이 달라졌다. 우리는 언제 어디서든지 하나님을 찾을 수 있게 되었고, 하나님은 언제든지 우리를 만나주신다. 생각해 보라. 하나님께서 자신을 감추지 않으시고 늘 우리를 만나주신다. 우리를 진노로 심판하지 않으시고 양팔을 벌려 우리를 품에 안아주신다. 아무런 제약도 없이 우리의 이야기를 들어주신다. 이 얼마나 놀라운 일인가!

우리는 그 어떤 제약이나 접근을 막는 엄격한 경비나 허가 절차 없이 하나님과 허물없이 만나고 대화하고 교제할 수 있다는 것은 하나님이 주시는 큰 상이다. 우리가 하나님께 하소연해도 들어주시고, 억울한 마음을 토해도, 때로는 투정을 부려도 다 받아주신다.

불의한 재판장이라도 만나기 위해서는 몇 날 며칠을 찾아가야 하고, 심지어 뇌물을 준비해서 가야 한 번 만날까 말까 하지만, 우리 여호와 하나님은 우리가 하나님의 이름을 부르기만 하면 우리를 아무 조건 없이 만나주신다. 우리의 자격 요건을 따지지 않고 우리의 이야기를 들어주신다. 그리고 항상 우리와 같이 있어 주신다. 이것이 은혜이고 복이며, 하나님이 우리에게 주신 상이다.

하나님을 찾는 자에게 은혜를 주신다

다음으로 하나님께서 자기를 찾는 자에게 주시는 상은 단지 하나님을 '만나는 것'에 그치지 않는다. 하나님은 자기를 찾는 자를 만나주시고, 그 만남 속에서 응답하시며 도와주시고, 좋은 것으로 채워주신다. '때를 따라 돕는 은혜와 필요한 도움'을 주시는 것이 하나님의 상이다.

하나님은 기도하는 자의 기도를 응답해 주신다. 하나님께 도움을 구하는 자에게 도움을 주시고 보호가 필요한 자에게 보호해 주신다. 위로받기 위해 하나님 앞으로 오는 자를 위로해 주시며, 긍휼히 여김과 자비를 구하는 자에게 긍휼과 자비를 베푸신다.

여호와 하나님을 찾는다는 것은 곧 하나님께로 돌아와 죄 용서를 구하는 것이다.

> 너희는 여호와를 만날 만한 때에 찾으라. 가까이 계실 때에 그를 부르라. 악인은 그의 길을, 불의한 자는 그의 생각을 버리고 여호와께로 돌아오라. 그리하면 그가 긍휼히 여기시리라. 우리 하나님께로 돌아오라. 그가 너그럽게 용서하시리라. 이는 내 생각이 너희의 생각과 다르며 내 길은 너희의 길과 다름이니라. 여호와의 말씀이니라(사 55:6~8).

그래서 하나님은 자기를 찾는 자의 모든 죄를 용서해 주신다. 그의 죄가 주홍 같을지라도 눈과 같이 희게 씻어주시고, 진홍같이 붉을지라도 양털같이 희게 만들어 주신다(사 1:18). 그가 지은 죄가 크든 작든 모든 죄를 사하시며 기억도 하지 않고 완전히 지워버리신다(사 43:25).

하나님은 사탄과 사망과 죄의 형벌에서 구원해 달라고 간구하는 자를 구원해 주시고, 영원한 지옥 사망에서 죄의 형벌을 받지 않도록 구출해 주신다.

위기와 위험에 처한 자가 하나님을 찾으면 기꺼이 도와주신다. 구하는 자에게 주시고, 찾는 자에게 찾게 하시며, 문을 두드리는 자에게 열어 주신다(마 7:7~8). 일용할 양식과 살아가는 데 필요한 것들을 주시고, 악에 빠지지 않게 지켜 주신다.

하나님은 사람이 아니다. 사람은 무능력하고 무지하며 이기적이지만 하나님은 전지전능하시고 사랑이 많으시다. 하나님은 자기를 찾는 자에게 좋은 것을 아낌없이 주시는 좋으신 하나님이시다. 따라서 하나님께서 기뻐하시는 믿음은 자기를 찾는 자들에게 상 주심을 믿는 믿음이다.

하나님은 추적하시고 도와주신다

여호와 하나님 외에 사람들이 신이라고 섬기는 신들은 신이라 불릴지라도, 살아 있는 신은 아니다. 어떤 형상을 가지고 있으나 아무런 도움을 줄 수 없다. 손이 있어도 도울 수 없고, 입이 있어도 말하지 못하며, 귀가 있어도 우리의 간절한 기도를 들을 수 없다. 자기를 찾는 자와 교통하거나 친밀한 교제를 나눌 수 없다(시 115:4~7). 이유는 살아 있는 신이 아니기 때문이다. 즉 살아 있었던 적이 없고 이름뿐인 신이며 허무한 것이다.

그러나 여호와 하나님은 살아계신 하나님이시다. 작은 소리로 도움을 구해도 다 들으시고 도와주신다. 하나님을 의지하는 자의 방패가 되어주신다. 하나님을 경외하는 자에게 복을 주신다.

여호와는 우리를 찾아오시는 하나님이시다. 우리는 찾아오시는 하나님을 만나며, 그분의 임재를 경험할 수 있다. 우리가 하나님을 찾지 않아도, 혹은 찾지 못해도 우리를 찾아오시는 하나님이시다. 우리에게 하실 말씀이 있거나, 우리와 함께 일하기 위해서 하나님은 우리를 찾아오신다. 그러면 우리는 하나님의 임재를 경험하며, 그분의 임재에 압도당한다.

호렙산의 떨기나무 불꽃 가운데서 하나님이 모세에게 나타났을 때 그러했으며(출 3:1~10), 이사야가 여호와의 성전에서 하나님의 임재를 경험했을 때도 그러했다(사 6:1~5). 하나님께서 예레미야에게 임재하셔서 "내가 너를 모태에서 짓기 전에 너를 알았고, 네가 배에서 나오기 전에 너를 성별하였고, 너를 여러 나라의 선지자로 세웠노라. 너는 아이라 말하지 말고, 내가 너를 누구에게 보내든지 너는 가며, 내가 네게 무엇을 명령하든지 너는 말할지니라. 내가 오늘 너를 여러 나라와 여러 왕국 위에 세워 네가 그것들을 뽑고 파괴하며 파멸하고 넘어뜨리며 건설하고, 심게 하였느니라."(렘 1:5, 7, 10)라고 말씀하실 때도 하나님께서 찾아오셔서 말씀하시고 사명을 주셨다.

하나님께서 우리를 찾아오시는 것은 그분이 살아계신 하나님이시기 때문이다. 그리고 우리를 향한 하나님의 특별한 목적이 있기 때문이다. 하나님께서 특별한 목적을 가지고 우리를 찾아오실 때 우리는 그분을 피할 수 없다. 우리를 찾아오시는 하나님은 마치 탐정이나 추적자 같으시다.

시인은 시편 139:7~10절에서 자신을 살펴보시고 앉고 일어섬과 생각까지도 다 아시는 하나님께서 자신을 추적하신다는 사실을 매우 멋지게 묘사한다.

> 내가 주의 영을 떠나 어디로 가며 주의 앞에서 어디로 피하리이까? 내가 하늘에 올라갈지라도 거기 계시며 스올에 내 자리를 펼지라도 거기 계시니이다. 내가 새벽 날개를 치며 바다 끝에 가서 거주할지라도 거기서도 주의 손이 나를 인도하시며 주의 오른손이 나를 붙드시리이다.

우리는 물론이고 세상 어느 누구도 하나님을 피해 숨을 수 없다. 요나처럼, 하나님을 피해 도망을 쳐도 실패로 끝난다. 하나님은 하늘에서도 찾아내고, 스올에서도 찾아내며, 바다 끝으로 도망을 가도 추적해서 찾아내시는 하나님이시다. 살아계신 하나님께서 찾아오시고, 우리와 함께하시기 위해 추적하며 임재하시면, 그 누구도 그것을 막을 수도, 피할 수도 없다.

　인간이 하나님의 임재를 경험할 때 이사야처럼 자신을 발견한다. 하나님의 임재를 경험할 때 모세처럼 자신이 무엇을 하며 살아야 하는지 자기 삶의 목적과 목표를 깨닫는다. 하나님의 임재를 경험할 때 예레미야처럼 자신이 가야 할 길을 흔들림 없이 걸어갈 수 있다.

　우리는 하나님과 예수님을 만날 때, 우리의 존재의 의미와 가치, 그리고 삶의 목적을 알고 사명자의 삶을 살 수 있다. 우리에게 임재하시는 성령님을 경험할 때 우리는 세상 것으로 만족하지 않고, 하나님과 예수님만으로도 만족하며 행복할 수 있다. 그리고 그 만족과 행복을 세상의 그 어떤 것과도 바꾸지 않는다. 가장 크고 놀라우며 가장 귀하고 만족스러운 행복이기 때문이다. 하나님의 임재, 이것이 하나님께서 자기를 찾는 자에게 주시는 상이다.

하나님은 교제하고 교통하신다

마지막으로 하나님께서 자기를 찾는 자에게 주시는 상은 바로 하나님과 교제하며 친밀한 시간을 보내는 것이다. 하나님은 우리가 원하지 않아도 우리를 찾아오실 수 있는 하나님이시면서 동시에 우리가 하나님의 임재를 사모하며 하나님을 찾을 때도 기꺼이 만나주시는 하나님이다. 여호와 하나님 외에 다른 신들은 교통과 교제가 없다. 그러나 하나님은 자신을 찾는 자와 교통하고 교제하며 친밀한 관계를 맺는다.

여호와 하나님이 아닌 다른 것을 신으로 믿는 사람들은 크고 작은 우상을 만들어 집 안팎에 둔다. 목이나 귀에 걸거나 몸에 지니기도 한다. 혹은 부적 같은 것을 써서 집안에 붙이거나, 침상 구석에 넣어 두거나, 입고 다니는 옷 속에 넣기도 한다. 이런 것이 자신을 보호해 주고 좋은 일이 생기게 해 줄 것이라고 믿기 때문이다.

이런 우상이나 부적은 매우 실체적이다. 늘 눈으로 볼 수 있고 가지고 다니며 함께하고 있다. 우상이나 부적이 능력이 있건 없건 상관없이 손으로 만질 수 있고 언제든지 실체를 확인할 수 있다. 이것이 우상을 숭배하는 사람들에게 매력적인 것이고 자신이 믿는 대상을 의심하지 않는 이유이기도 하다.

하지만 우상이나 부적들과는 인격적인 관계를 맺을 수 없다. 또 인격적인 교제를 하거나 사랑과 우정, 존경과 친밀함을 주고받을 수도 없다. 우상과 부적은 비인격적인 것들이요, 물건이기 때문이다.

하나님은 영이시기 때문에 우리 눈에 보이지 않는다. 만질 수도 없다. 하나님은 항상 가지고 다닐 수 있는 존재가 아니다. 보여주고 싶은데 보여줄 수도 없다. 분명히 계신데도 불구하고 하나님의 실체를 확인할 수 없다. 이 점이 하나님을 믿는 신자들을 당혹하게 만든다.

그런데도 하나님은 자기를 찾는 자를 찾아오신다. 그리고 만나주시고 이야기를 들어주시며, 때로는 세미한 음성으로 말씀하신다. 이미 기록된 성경 말씀을 생각나게도 하신다. 더러는 책망도 하시고, 위로와 격려를 해 주시고, 힘을 내라고 토닥여 주신다. 사랑한다고 말씀하시고 하나님의 포근한 품으로 품어주신다. 우리가 방황하지 않도록 갈 길을 가르쳐 주시기도 하고, 올바른 선택과 결정을 내릴 수 있도록 분별력과 지혜를 주시기도 하신다. 위험으로부터 우리를 보호해 주시기도 하고, 우리의 필요를 공급해 주시기도 하신다.

우리는 하나님과 기쁨과 슬픔과 고통을 함께 공유한다. 하나님은 살아계신 분이시고 또 인격을 가진 하나님이기 때문에 우리와 이런 인격적인 교제가 가능하다.

다윗은 온 마음을 다해 하나님을 찾았다. 그가 사울을 피해 도망다닐 때에도, 전쟁 중에도, 하나님의 임재를 구하고 기도했다. 하나님은 그런 다윗을 만나주셨고, 친밀한 시간을 가졌다. 그래서 다윗은 하나님과 마음이 합한 사람이 되었다(행 13:22).

하나님과의 친밀한 교제는 이 땅에서 누리는 것으로 끝나지 않으며, 그것은 일시적인 것이 아니라 영원한 것이다. 하나님 나라에서의 교제로 이어진다. 하나님 나라에서 영원히 함께 살면서 친밀한 교제를 하는 것으로 연결된다.

그러므로 하나님을 찾는 자는 세상의 상과는 비교할 수 없는 상, 하나님을 얻고, 하나님이 베푸시는 갖가지 은혜들을 보상으로 받는다. 그리고 영원한 나라에서 하나님과 친밀한 생활을 하게 된다. 이런 상이 어디에 있겠는가?

믿음이 필요할 때 굳게 믿으라

지금까지 살펴본 바에 따라 하나님은 자신을 찾는 자에

게 상을 주시는 분이시다. 그런데 문제는, 이러한 상을 즉시 주실 때도 있지만, 때로는 그렇지 않다는 점이다. 우리는 긴급하고 절박한데 하나님은 느긋해 보이기까지 한다. 우리는 지금 당장 도움이 필요해서 하나님께 간절히 기도하고 구하는데, 하나님은 침묵하신다. 우리는 지금 발등에 불이 떨어진 상황이라 하나님께서 즉시 불같은 응답을 주시기를 바라는데, 그런 일은 쉽게 일어나지 않는다. 더구나 이러한 상황이 반복되고, 하나님의 응답도, 도우심도, 상 주심도 쉽게 경험하지 못하면 우리는 흔들린다.

하지만 돌이켜 보면, 믿음은 언제 필요한가? 바로 이러한 때 믿음이 필요하다. 하나님의 응답이 더딜 때, 믿음이 필요하다. 하나님께서 즉시로 도와주시지 않고 침묵하실 때, 하나님은 상 주시는 분이시라고 믿는 믿음이 필요하다. 의문과 의심, 회의적인 생각이 밀려올 때, 믿음이 흔들릴 바로 그때, 하나님을 더욱 신뢰하는 믿음이 필요하다. 믿음은 보이지 않는 것을 확신하고, 아직 나타나지 않은 약속을 붙드는 것이다. 그러므로 응답이 지연될수록, 더욱 순전하고 흔들림 없는 믿음이 요구된다.

우리는 이런 믿음을 다니엘의 세 친구 사드락과 메삭과 아벳느고에게서 볼 수 있다. 그들은 금 신상에 절하지 아니함으로 풀무불에 던져질 위기에 처했다(단 3:16~18). 사드락과 메삭과 아벳느고는 "우리가 섬기는 하나님이 우리를 풀무불 가운데서, 그리고 왕의 손에서도 능히 건져내실 것입니다. 그렇게 하지 아니하실지라도 우리는 왕이 섬기는 신들과 금 신상에 절하지 아니할 줄을 아옵소서."라고 말했다. 그들은 "그렇게 하지 아니하실지라도"라는 고백으로, 결과에 상관없이 여호와 하나님만 섬기겠다는 절대적인 신뢰와 믿음을 보여준 것이다.

이들처럼 우리도 이런 믿음을 발휘해야 하지 않을까? 우리의 기도에 응답이 더딜 때, 그때 더욱 진실하고 온전하게 믿어야 하지 않을까? 우리가 원하는 대로 되지 않을 때, '그렇게 하지 아니하실지라도' 하나님을 믿는 믿음을 발휘해야 하나님께서 기뻐하신다. 그리고 때가 되면, 하나님이 보시기에 가장 좋고 아름다운 상을 주신다. 모든 것을 합력하여 선을 이루는 그 결과로 우리에게 은혜를 주신다.

하나님께서 친히 "하나님께 나아가는 자는 반드시 그가 계신 것과 자기를 찾는 자들에게 상 주시는 이심을 믿어야 할지니라."(히 11:6)라고 말씀하신 것은 자기를 찾는 자에게 '반드시' 상을 주신다는 것을 말씀하기 위함이다. 하나님은 자기를 찾는 자에게 반드시 은혜를 베풀어 주시는 분이시다. 그러므로 우리는 하나님이 상을 주신다는 이 믿음으로 흔들림 없이 서 있어야 한다. 이것이 하나님을 기쁘시게 하는 믿음이다.

하나님의 임재를 경험하며 함께 생활하라

하나님은 자기를 찾는 우리에게 '찾아오시는 하나님'이시지만, 처음부터 '우리와 함께하시는 하나님'이시다. 하나님은 우리로부터 멀리 떨어져 계시지 않는다. 하나님은 언제나 우리 곁에 계신 분이시다. 우리가 두렵고 불안하며 혼란스럽고 슬프고 외로울 때조차, 하나님은 여전히 우리와 함께하신다.

그럼에도 우리가 하나님의 임재를 느끼지 못하는 데는 몇 가지 이유가 있다. 태양이 먹구름에 가린 것처럼 우리의 죄악에 가려서 느끼지 못할 수도 있다. 혹은 우리가 하나님의 임재에 대해 무지하거나 무감각하며, 실제로 깊은 경험이 없기 때문일 수도 있다.

우리는 항상 하나님을 찾아 발견하려는 노력을 해야 하지만, 더 중요하고 가치 있는 것은 항상 함께하고 계시는 하나님을 알고 경험하면서 '함께 사는 것'이다. 다시 말하면 하나님의 임재 아래서 하나님과 친밀하게 교제하며 우리의 일생을 '하나님과 함께 삶을 사는 것'이다.

우리는 일평생 하나님을 믿고 아빠 아버지라 고백하면서 신앙생활을 했다. 그러면 지금까지 우리는 얼마나 자주 하나님의 임재를 경험하며 하나님과 동행했는가? 한두 번, 혹은 대여섯 번 경험했는가? 우리는 그 정도로 만족할 수 있는가? 살아계신 하나님을 아빠 아버지라고 믿고 고백하는 우리가 겨우 대여섯 번 만나고, 우리는 하나님과 깊은 교제를 했다거나 친밀한 삶을 살았다고 말할 수 없다.

우리는 하나님과 좀 더 자주 만나야 한다. 늘 우리와 함께하시는 하나님과 깊은 인격적 교제를 나누며 살아야 한다. 하나님과 친밀하게 대화하면서 매 순간을 하나님과 함께생활할 수 있어야 한다.

'하나님과 친하게 지내고 하나님과 함께 사는 것'은 불가능한 일이 아니며 예수 그리스도를 주로 믿는 사람이라면 누구나 가능한 일이다.

브라더 로렌스(Brother Lawrence)는 어떻게 하면 하루 24시간, 일 년 365일을 하나님과 끊임없이 교제하며 지낼 수 있을까를 고민했다. 그는 "'순간순간', 깨어 있는 순간마다 드림, 응답, 순종, 민감함, 유순함, '하나님의 사랑에 빠짐'"

을 가장 중요하다고 여겼다.[2] 그래서 스스로 연습하고 훈련하며 순간순간 하나님의 임재를 경험한 것들을 더욱 발전시키고 실천하면서 하나님과 깊은 교제를 누리는 삶을 살았다.

브라더 로렌스는 다음과 같은 다섯 가지 실천을 통해 하나님과 깊은 교제를 했다.

'첫째는 한 시간에 몇 분이나, 또는 일 분에 몇 번이나 그리스도를 생각하고 교제하는지를 살피면서 60초마다 1초씩이라도 그리스도를 생각했다. 우리의 생각을 항상 하나님과 예수 그리스도에게 집중했다는 말이다.

둘째는 잠을 자지 않고 깨어 있는 동안, 누구와 대화할 때도 마음속으로 "주님, 주님은 나의 생명입니다." "주님은 나의 생각입니다."라고 고백했다.

셋째는 자기 자신과 대화하는 대신에 그리스도와 대화하는 습관을 가졌다. "하나님 아버지, 제가 무슨 말을 하기를 원하십니까? 지금, 이 순간에 어떻게 행하기를 원하십니까?", "주님, 이 생각은 주님과 의논하기에 적합하지 않습니다. 주님께서 생각을 맡아 주십시오. 주님의 임재로 내 생각을 새롭게 해 주십시오.", "주님께는 무엇이 가장 중요합니까?" 같은 질문들을 하면서 속에서 들리는 세미한

음성에 계속 귀를 기울였다. 그리고 그리스도의 작은 속삭임에 민감하게 반응하면서 대화를 이어가고 또 순종으로 실천했다.

넷째는 밤에 잠이 들 때 마지막으로 하는 생각이 그리스도가 되도록 했다. 마음에 떠올리는 사랑 어린 말은 어느 것이든지 주님께 쉬지 않고 속삭였다. 이렇게 하루의 마지막 시간을 보내며 잠들면, 어떤 때는 우리의 이마를 만져 주시는 그분의 부드러운 손길을 느꼈고, 기쁨의 눈물로 베갯잇을 적시기도 했다.

다섯째, 아침에 일어날 때는 "주님 이제 일어날까요?"라고 이야기했다. 아침에 세수하고 옷을 입으면서도 모든 생각을 주님께 집중하며 주님께 속삭였다.

그리고 그는 하루 종일 일, 육체적인 노동이든, 정신적인 일이든 늘 주님을 생각하며 지냈다. 요리할 때, 설거지나 청소를 할 때, 아이들을 돌볼 때, 사소한 일 하나까지 그리스도께 대화하듯이 말을 건넸다.'[3]

브라더 로렌스는 우리가 이렇게 하나님의 임재, 그리스도와 친밀한 시간을 가지면 다음과 같은 큰 유익이 있다고 말한다.

'우리의 시간을 그리스도께 드리고 보다 풍성한 삶을 얻을 것이며, 예수님과 친밀한 교제를 가꾸어 가게 될 것이다. 또 우리의 영혼이 사랑하는 예수님을 알게 되고 예수님이 그 누구보다도 가깝게 계신다는 것을 확신하게 된다. 그리고 우리의 생각이 깨끗해지고 어떤 형편에 처하든지 하루 종일 만족할 수 있다. 또 다른 사람에게 그리스도에 대해 이야기하기도 쉬워진다.'[4]

하나님은 자기를 찾는 사람, 항상 함께하고 계신 하나님의 임재를 간절히 사모하는 사람에게 자신의 임재를 드러내시며, 친밀하게 다가오신다.

그러므로 하나님께 나아가는 자는 하나님이 계시다는 것과 그분을 찾으면 상을 주신다는 믿음을 가지고 나아가야 한다. 이것이 하나님을 기쁘시게 하는 참된 믿음이요, 우리가 날마다 간직해야 할 믿음이다.

3.
믿음은 하나님을 하나님으로 대하게 한다

히브리서 11:4

어렸을 때는 잘 모르지만, 어른이 되어서야 깨닫는 것 중 하나는 태도의 중요성이다. 윈스턴 처칠은 "태도는 작은 것이지만 큰 영향을 미친다"고 말했다. 태도에 따라 화를 불러올 수도 있고 은혜와 자비를 불러올 수도 있다. 같은 상황에서도 태도에 따라 비난을 받기도 하고, 존중을 받기도 한다. 일을 대하는 태도에 따라 결과가 달라질 수 있다. 태도는 차이를 만든다. 이것은 단지 일에 대한 자세에만 국한되지 않는다.

태도는 상대방의 반응뿐 아니라, 우리를 대하는 방식도 결정짓는다. 상대는 우리의 태도를 거울처럼 반영한다. 우리가 미소를 지으면 미소로 답하고, 친절하고 온유하면 상대방도 그렇게 반응한다. 그런데 우리가 공격적으로 나오면, 상대방도 공격적이거나 방어적으로 변한다. 태도는 관계를 바꾼다.

태도에 따라 삶의 질이 달라질 수 있다. 긍정적이고 적극적인 태도, 감사하고 기뻐하는 태도는 삶의 매 순간을 더 즐겁고 행복하게 만든다. 반면, 매사에 부정적이고 짜증을 내며, 비판적이고 비관적인 태도는 불행한 삶을 부른다. 어떤 태도를 갖느냐에 따라 만족감이 달라진다.

주변 사람들을 보라. 삶의 모든 조건이 똑같을 때, 혹은 필요들이 충족되지 않았을 때 어떤 태도를 갖는지 살펴보라. 상황과 조건보다 더 중요한 것은 그것에 임하는 우리의 태도이다. 태태도는 개인의 성장을 이끌고, 인생의 성패를 좌우하기도 한다. 태도는 결과와 만족감 모두를 좌우하는 결정적 요인이다. 태도는 우리 인생의 성공 여부를 결정할 만큼 중요하다.

물론 태도가 성공의 열쇠라고 말하는 것은 아니다. 훌륭한 태도를 갖고 있지만, 지혜나 능력, 열정이 뒷받침되지 않으면 한계가 분명하다.

존 맥스웰은 태도로 어떻게 해 볼 수 없는 영역들이 있다고 말한다. "태도는 실력을 대신할 수 없다. 태도는 경험을 대신할 수 없다. 태도는 사실을 바꿀 수 없다. 태도는 영혼의 성장을 대신할 수 없다. 태도는 관리가 필요하다."[1]

그렇다면 태도가 모든 것을 좌우하지는 못해도, 왜 그렇게 중요한가? 특히 우리가 하나님을 대할 때, 그 중요성은 차원이 다르다. 왜냐하면 하나님을 대하는 태도는 단지 신앙의 자세를 넘어서, 삶의 방향과 영원한 삶을 결정짓는 기준이 되기 때문이다.

믿음은 하나님을 대하는 태도를 결정한다

당신의 삶과 영원한 운명을 바꿔 놓을 수 있는 태도, 하나님을 대하는 당신의 태도는 어디에서 나오는가? 그것은 바로 믿음에서 나온다.

여호와를 자신의 하나님으로 믿는 사람은 여호와를 경외하고 섬기며 사랑한다. 여호와 하나님을 참으로 믿는 사람은 그분을 존경하고 공경하며 가장 존귀한 분으로 존대한다. 그는 무엇을 하든지 하나님을 영화롭게 하려 한다. 믿음은 하나님을 대하는 '태도'를 결정한다.

믿음이 없으면 하나님께 무례하고 방자하다

여호와 하나님을 믿는 사람은 자기보다 하나님을 더 생

각한다. 항상 계시는 하나님께 마음을 다하고 뜻을 다하고 힘과 목숨을 다해 섬긴다. 제물을 준비할 때 정성을 다해 최상의 것으로 준비한다. 그리고 하나님을 하나님으로 대접한다. 참된 믿음은 하나님을 향한 태도를 결정한다.

그러나 믿음이 없는 사람은 하나님을 대할 때 버릇없고 무례하며 방자하다. 하나님을 무시한다. 의식도 하지 않고 찾지도 않는다. 사람이 교만하고 오만한 것은 여호와 하나님에 대한 믿음이 없기 때문이다.

창세기 4:1~15절에 나오는 가인과 아벨의 제사를 보면 이 사실을 알 수 있다. 하나님께서 가인의 제물을 거부하자 가인은 "몹시 분하여 안색이 변했다"(창 4:5)고 기록한다.

가인이 크게 화를 냈다면 누구에게 화를 냈겠는가? 하나님을 기쁘시게 하지 못한 자기 자신에게 화를 냈겠는가? 아니면 아벨에게 화를 냈겠는가? 아니다. 가인은 하나님에게 화를 낸 것이다. 자신과 자신의 제물을 거부하셨다는 사실에 분노한 것이다.

가인의 행동에서 하나님을 믿지 않는 자가 어떻게 하나님을 대하는지 그 태도를 볼 수 있다. 가인은 하나님을 두려워하지 않았다. 무례하고 불손하며 막대했다. 심지어 자신과 자신의 제물을 받지 않은 하나님께 얼굴빛이 변할 만

큰 화를 내며 적개심을 표출했다.

가인의 오만불순한 태도는 더 심각한 죄로 이어진다. 가인은 결국 자기 동생 아벨을 죽인 것이다. 자기 동생, 곧 가족을 죽이는 행위는 하나님에 대한 두려움이 없기 때문이었다.

하나님께서 가인에게 "네 아우 아벨이 어디 있느냐?"라고 물어보실 때도 "내가 아우를 지키는 사람입니까?" 하고 하나님께 대들다시피 하는 불손한 태도를 보였다. 무례하고 거칠었다. 하나님께서 모든 것을 다 알고 가인에게 회개할 기회를 주는데도 자기는 모른다고 잡아떼기까지 했다. 그는 오만하고 완악했다. 하나님을 하나님으로 대접하지 않는 가인은 하나님이 주시는 회개의 기회마저 거절하고 말았다.

가인은 여호와 하나님이 자신을 지나치게 간섭하는 쓸데없는 존재처럼 여겼다. 가인에게서 오만한 태도를 느끼는 것은 나만의 느낌은 아닐 것이다.

아담과 하와가 에덴동산에서 쫓겨난 후 그동안 나타나지 않고 말씀도 하지 않으셨던 여호와 하나님께서 가인에게 나타나 말씀하셨음에도 불구하고 가인은 여호와를 하나님으로 대접하지 않았다. 마땅히 땅바닥에 바짝 엎드려 자신을 낮추어야 함에도 그렇게 하지 않았다. 오히려 하나님 앞에서 버릇없게 말하고 거칠게 행동했다. 오만하고 방자했다. 가인의 무례하고 건방진 태도는 믿음 없는 사람, 참된 믿음을 갖지 못한 자가 하나님을 대하는 방식이다.

그러나 아벨은 어떠한가? 아벨은 여호와 하나님을 자신의 하나님으로 인정했다. 그래서 하나님께 예의를 갖췄다. 또 하나님께서 기뻐하시는 제물이 무엇인가를 고민했다. 자신이 가지고 있는 최고로 좋은 양의 첫 새끼와 기름을 제물로 준비했다. 이 제물을 하나님께 바칠 때도 지극한 정성으로 바쳤다. 이유는 여호와 하나님이 자신의 하나님이기 때문에 이렇게 섬긴 것이다.

아벨과 가인의 차이는 단순한 성격차이가 아니다. 믿음의 유무에서 비롯된 태도의 차이이다. 하나님을 참으로 믿는 사람은 여호와 하나님을 자신의 하나님으로 대하고 경배하며 공경한다. 믿음은 하나님을 대하는 태도로 드러난다. 당신은 하나님 앞에서 어떤 태도로 서 있는가?

믿음은 하나님 앞에서 겸손하게 한다

여호와 하나님이 진짜 자신의 하나님이라고 믿는다면 그분 앞에서 오만하거나 교만할 수가 없다. 오히려 자기를 한없이 낮추고 겸손해진다. 하나님을 대하는 마음가짐이 달라지기 때문이다.

실제로 하나님은 우리의 창조주이시고 우리는 그분의 피조물이라는 것을 알면 겸손해질 수밖에 없다. 하나님의 위대함을 알고 또 우리가 얼마나 미약하고 무능한 존재인지를 깨달으면 겸손해질 수밖에 없다. 하나님은 지극히 거룩하시고 영광스러운 분이시며, 우리는 말할 수 없이 부패하고 죄악된 존재임을 안다면 하나님께 무례하게 행동할 수 없다. 우리 자신을 낮추고 겸손히 하나님의 긍휼과 자비와 은혜를 구하게 된다.

하나님을 알고 자신을 아는 자는 이사야 선지자처럼 "화로다. 나여, 망하게 되었도다. 나는 입술이 부정한 사람이요, 나는 입술이 부정한 백성 중에 거주하면서 만군의 여호와이신 왕을 뵈었음이로다."(사 6:5)라고 반응한다. 또는 다윗처럼 "주의 손가락으로 만드신 주의 하늘과 주께서 베풀어 두신 달과 별들을 내가 보오니 사람이 무엇이기에 주께서 그를 생각하시며 인자가 무엇이기에 주께서 그를 돌보시나이까?"(시 8:3~4) 하고 자신을 낮춘다. 겸손한 자들이 그렇듯 참된 믿음을 가진 자는 영원부터 영원까지 계신 하나님께 찬송과 감사와 존귀와 영광을 세세토록 돌린다.

진실로 믿는 자는 자신의 무능함과 하나님의 전능하심을 알기에 하나님을 찾고, 상 주시는 분이심을 믿기에 더욱 간절히 찾는다. 자신의 한계를 알기 때문에 하나님의 도움을 구하고, 모든 상황에서 하나님을 하나님답게 대하며, 겸손히 자신을 낮춘다.

하나님께서도 사람의 태도에 따라 행동하신다. 하나님은 교만하고 오만한 자를 낮추시고 방자하고 무례한 자를 꺾으신다. 자고(自高)하고 거만한 자는 낮추신다.

대신에 하나님을 인정하고 찾는 자를 만나주시고 도와주신다. 하나님의 능하신 손 아래에서 자신을 낮추는 겸손한 자를 높이시고 한없는 은혜를 베푸신다(잠 3:34, 벧전 5:5~6). 하나님은 교만한 자는 물리치지만 겸손한 자는 가까이해 주신다. 겸손한 자의 소원을 들어주시고, 그를 위험에서 구원해 주신다.

결국 참된 믿음은 하나님을 대할 때 자신을 낮추고 겸손한 태도를 갖게 한다. 이것이 믿음의 본질이고 특징이다.

믿음은 하나님과 바른 관계에 있게 한다

히브리서 11:4절 말씀을 보라.

믿음으로 아벨은 가인보다 더 나은 제사를 하나님께 드림으로 의로운 자라 하시는 증거를 얻었으니, 하나님이 그 예물에 대하여 증언하심이라. 그가 죽었으나 그 믿음으로써 지금도 말하느니라.

아벨은 의로운 자라 하는 증거를 받았다. 아벨은 왜 의로운 자라는 증거를 받았는가? 이 증거는 누구에게서 받은 증거인가? 아벨은 하나님으로부터 의로운 자라는 증거, 곧 증언과 인정을 받았다.

그렇다면, '의로운 자'라는 말은 무슨 의미일까? 성경에서 '의'에 대해 말할 때 가장 많이 사용하는 개념은 '관계가 올바르다'는 것이다. 따라서 하나님께서 아벨에게 '의로운 자'라고 증언하신 것은 하나님과 아벨의 관계가 올바르고 화목한, 곧 좋은 관계에 있다는 의미이다.

'의'가 관계적인 용어라는 사실을 성경 번역본을 참고하면 쉽게 알 수 있다. 예를 들어 로마서 4:5절 말씀을 개역개정성경은 "일을 아니 할지라도 경건하지 아니한 자를 의롭다고 하시는 이를 믿는 자에게는 그의 믿음을 의로 여기시나니"라고 번역했다. 공동번역은 다음과 같이 번역했다.

> 그러나 아무 공로가 없는 사람이라도 하느님을 믿으면 믿음을 통해서 하느님과 올바른 관계를 얻게 됩니다. 하느님께서는 비록 죄인일지라도 올바른 사람으로 인정하실 수 있는 분이십니다.

여기서 '의롭다'는 말을 '하느님과 올바른 관계'로 번역했다. 아벨이 의로운 자라 하는 말은 곧 하나님과 올바른 관계, 혹은 바른 관계, 좋은 관계에 있는 자라는 뜻이다.

그렇다면 가인은 하나님과 올바른 관계에 있지 않았다고 볼 수 있다. 왜 그런가? 가인이 하나님과 올바른 관계에 있지 못한 이유는 그가 하나님을 전적으로 믿지 않았기 때문이다. 그의 믿음 없음이 형식적인 제사를 드리게 했고, 하나님과의 관계를 무너뜨렸다. 당신은 하나님과 어떤 관계에 있는가?

모든 사람이 하나님과 바른 관계에 있는 것은 아니다. 살아 계신 하나님을 믿지 않고, 하나님을 찾지도 않는 자는 하나님과 바른 관계에 있을 수 없다. 오히려 하나님과 관계가 단절된다. 하나님을 믿지 않는 죄악은 결국 하나님과 원수 관계에 있게 한다. 더구나 하나님을 찾지도 않으니, 하나님과 화해하거나 화목한 관계로 변할 수도 없다.

오직 믿음을 가지고 하나님께 나아올 때만 비로소 하나님과 의로운 관계, 올바른 관계로 변화될 수 있다.

아벨이 하나님과 이렇게 올바르고 화목한 관계에 있게 된 것은 바로 하나님이 기뻐하시는 믿음 때문이다. 믿음은 단순히 하나님께 나아가는 데만 필요한 것이 아니다. 믿음은 하나님과 나와의 관계를 화목한 관계로 바꿔놓는다. 진정한 믿음은 하나님과 바른 관계를 맺게 하는 유일한 다리이며, 하나님과 친밀히 교제하고 동행하는 삶의 출발점이다.

믿음은 하나님을 진정으로 예배하게 한다

히브리서 11:4절에는 아벨과 가인이 등장한다. 창세기 4:1~7절에서는 이 두 사람이 하나님께 제사 드린 이야기가 자세하게 나온다. 아벨은 믿음으로 더 나은 제사를 하나님께 드렸다. 반면에 가인은 그렇지 않았다. 하나님은 두 사람의 제사를 보시고, 아벨과 그의 제물은 열납하시고 가인과 그의 제물은 거부하셨다.

왜 하나님께서 아벨과 그의 제물은 받으시고 가인과 그의 제물은 거부하셨는가? 우리는 아벨과 가인의 제사를 대할 때마다 '더 나은 제사'(히 11:4)라는 말을 '더 나은 제물'이라는 말로 읽고 제물의 종류에 집중하는 경향이 있다.

이런 관점을 따르면 아벨은 양의 첫 새끼와 그 기름, 즉 피의 제사를 드렸고, 가인은 성의 없이 농산물로 제사를 드렸다는 것이다. 그래서 하나님은 피가 없는 가인의 제물은 거부하시고 피의 제사를 드린 아벨의 제사는 받으셨다고 생각한다(창 4:2~3). 이런 해석에 동의하기는 어렵지만, 히브리서에서 말하고자 하는 것은 그들이 드린 제물이 아니라 그들의 '믿음'이다.

히브리서 11:4a절을 다시 보자.

> 믿음으로 아벨은 가인보다 더 나은 제사를 하나님께 드림으로

'더 나은 제사를 하나님께 드렸다'라고 말할 때, '제사'를 '제물'로 번역하는 경우도 있다. 실제로 공동번역, 새번역, NIV 등은 '더 나은 제물'로 번역했다. 하지만 히브리서에서 말하고자 하는 바는 제물이든지 제사이든지 '더 나아지게 만드는 것'은 제물 자체가 아니라 제물을 드리는 사람의 '믿음'이라고 말한다.

하나님은 제물보다 먼저 제물을 드리는 사람, 즉 아벨과 가인을 먼저 보셨다. 그들 속에 믿음이 있는가 없는가를 보신 것이다. 아벨은 믿음으로 제사를 드렸고 가인은 믿음이 없었다. 그래서 하나님은 '아벨과 그의 제물'을 열납하시고 '가인과 그의 제물'을 거부하셨다.

그렇다면 하나님께서 기뻐하시는 믿음은 어떤 믿음인가? 여호와 하나님께서 계신다는 것을 믿는 믿음이다. 아벨은 여호와 하나님이 계신다는 것을 믿었다. 그래서 '더 나은 제사'를 하나님께 드리고자 하는 간절한 마음에서 준비했다. 하지만 가인은 하나님이 계신다는 믿음이 없거나 부족했다. 그래서 믿음으로 제물을 준비하지도, 제사를 드리지도 않았다. 핵심은 '믿음으로 제사를 드렸느냐? 그렇지 않았느냐?' 하는 것이다.

가인과 아벨이 여호와 하나님이 계신다는 것을 믿을 수도 있고 안 믿을 수도 있는가? 그들의 부모가 아담과 하와인데 어떻게 여호와 하나님을 모를 수 있는가?

창세기 3장과 4장을 자세하게 읽어보면, 여호와 하나님을 잘 알고 있는 아담과 하와가 죄를 범한 후에 에덴동산에서 추방된다. 그리고 아담과 하와는 땅을 갈고 살면서 가인과 아벨을 낳았다. 에덴동산에서 낳은 것이 아니라 에덴동산에서 나와서 자녀들을 낳았다. 더 '세월이 지난 후' 가인과 아벨이 성인이 되었을 때 이들은 자신들이 준비한 제물로 여호와께 제사를 드린다.

여기서 우리가 주목할 부분은 아담과 하와가 에덴동산에서 추방을 당하고 자녀를 낳을 때까지, 그리고 가인과 아벨이 성인이 되어 제사를 드릴 때까지 하나님께서 나타나지 않았다는 점이다. 가인이 하나님의 음성을 들은 것은 제사를 드리고 난 후다. 또 자기 동생 아벨을 죽였을 때다.

실제로 가인과 아벨의 형제인 다른 사람들도 '여호와의 이름'을 부르지 않았다. 사람들이 비로소 여호와의 이름을 부르기 시작했을 때는 여호와 하나님께서 죽은 아벨 대신에 주신 셋이 아들 에노스를 낳았을 때이다(창 4:26).

따라서 우리가 짐작해 볼 수 있는 것은 아담과 하와는 자신의 창조주 여호와 하나님을 잘 알고 있었다. 하지만 가인과 아벨은 여호와 하나님을 만났거나 그분의 음성을 직접 들은 적이 없다. 그들이 하나님을 알 수 있는 유일한 방법은 자신들의 부모, 즉 아담과 하와의 구술을 통해서다. 그들이 하나님을 직접 보고 경험한 지식이 아니라 부모를 통해서 들은 하나님, 즉 간접적으로 얻은 지식을 가졌다. 그러니 아벨과 가인이 하나님이 계신다는 것을 믿을 수도 있고 믿지 않을 수도 있는 것이다. 물론 이것은 제 개인적인 추론일 뿐이다.

히브리서가 전하는 사실은 아벨은 아담과 하와가 전해 준 여호와 하나님이 계신다는 것을 믿었다. 하지만 가인은 믿지 않았거나 긴가민가했을 것이다. 설사 믿는다고 할지라도 진정한 믿음은 아니었다고 생각된다. 제사가 거부된 후에 가인이 보인 태도가 그것을 말하고 있다. 그러니 믿음으로 제사를 드리지 않은 것이다.

하나님께 나아오는 자는 하나님이 계신다는 것과 하나님을 찾으면 상 주신다는 것을 믿는 믿음을 가지고 예배드릴 때 하나님께서 기뻐하신다. 아벨은 이런 믿음으로 최상의 제물을 준비하여 믿음으로 최고의 제사를 드렸다. 하지만 가인은 그렇지 않았다. 그는 믿음이 없는 제사, 믿음이 결여된 예배를 드렸다.

믿음은 사람으로 하여금 마음과 뜻과 힘을 다해 하나님을 예배하게 만든다. 여호와 하나님만이 예배받으시기에 합당한 분이시기에, 여호와 하나님을 하나님으로 대한다. 그리고 하나님이 기뻐하시는 진정한 예배를 드린다. 그래서 아벨은 '더 나은 제사', '더 나은 예배'를 하나님께 드렸다.

당신의 예배가 하나님을 믿는 믿음으로 말미암아 당신의 마음 중심에서부터 하나님을 하나님으로 대접하는 예배, '더 나은 예배'가 되기를 축복한다.

4.
믿음은 하나님과 동행하게 한다

히브리서 11:5

에녹은 하나님을 기쁘시게 하는 자라는 증거를 받았다(히 11:5). 이는 그가 하나님이 계시다는 것과, 자기를 찾는 자들에게 상 주시는 분이심을 믿었기 때문이다.

이런 믿음을 가진 자는 하나님을 대하는 태도가 다르다. 믿음이 없는 자는 하나님이 계심을 믿지 않기 때문에 그분을 찾지도 않고, 의식하지도 않는다. 결국 하나님의 뜻대로 살기보다는 자기 뜻대로 살며 평생 죄 가운데 살아간다.

그러나 하나님이 계시다고 믿는 사람은 겸손히 그분과 동행한다. 창세기 5:22, 24절에서 에녹은 하나님을 향한 믿음으로 '하나님과 동행'하며 살았다고 말씀하고 있다. 그는 므두셀라를 낳은 후 삼백 년을 하나님과 동행하며 자녀들을 낳았고, 하나님께서 그를 데려가실 때까지 계속해서 하나님과 동행하며 살았다. 그는 죽음을 보지 않고 옮겨졌다. 하나님께서 그를 옮기시니 다시 보이지 않았다.

에녹의 삶의 특징은 '하나님과 동행한 삶'이었다. 에녹이 살던 시대에 하나님과 동행한 사람은 없었던 것 같다. 모두가 하나님이 계시지 않다고 믿고 자기 마음대로 살던 때, 오직 에녹만 하나님이 계시다고 믿고 하나님과 함께 동행했다. 외로운 믿음 생활을 한 셈이다.

그는 자기 시대에 유별나고 독보적인 사람이었다. 에녹의 믿음과 하나님과 동행한 삶이 그를 자기 시대 사람들과 구별되게 했고, 특별한 존재로 만들었다.

하나님과 함께 걷다

'하나님과 동행했다'는 말은 곧 '하나님과 함께 걸었다'는 뜻이다. 동행자는 같은 목적지를 향해 함께 길을 걷는 사람이다. 단지 같은 방향으로 걸을 뿐, 아무런 대화도 없이 그저 길만 걷는 사람을 진정한 동행자가 아니다.

진정한 동행자는 함께 길을 걸으면서 대화하고, 서로 도우며 필요를 채워주고, 위로도 하며 마음과 뜻을 맞춰가는 가운데 점점 친밀해지는 사람이 동행자다.

에녹이 하나님과 동행했다는 것은 하나님과 깊은 우정을 나누며, 하나님의 마음이 에녹의 마음이 되고 에녹의 뜻이 하나님의 뜻이 되었음을 의미한다. 에녹과 하나님은 서로를 좋아하고 사랑하며, 슬픔과 기쁨을 함께 공유했다. 삶의 수많은 우여곡절을 함께 겪으면서 그렇게 인생길을 걸었다. 함께 웃고, 울고, 떠들고, 함께 맛있는 음식을 먹고, 마시며 모든 것을 함께했다. 고통의 순간도, 기쁘고 즐거울 때도 그렇게 인생길을 걸었다. 인생길을 걸으면서 모든 것을 함께하는 사람, 그 사람이 바로 동행자다. 에녹과 하나님은 그런 사이였다.

동행은 하나님과 짝을 이루어 인생길을 함께 걷는 동반자와도 같다. 그리고 하나님과 함께 걸었다는 말은 하나님께서 에녹과 함께 걸어 주었다는 말도 되겠지만, 이보다 에녹 편에서 하나님과 함께 걸었다는 뜻이 더 크다.

아무도 하나님을 의식하지 않을 때, 에녹은 하나님을 의식했다. 아무도 하나님이 계신다고 믿지 않고, 하나님을 찾지 않을 때, 에녹은 하나님을 믿고 찾았다. 아무도 하나님과 함께하려고 하지 않을 때, 에녹은 자신의 뜻을 의지적으로 하나님께 맞추며 살았다.

하나님의 성품과 일치되게 살다

'동행한다'는 말은 함께 길을 걷는다는 뜻이다. 그렇다면 어떤 길을 함께 걷는 것인가? 그 길은 세상의 길이 아닌 하나님의 길이다.

세상의 길은 자기 육체의 욕망을 채우기 위한 길이다. 세상에 있는 모든 것은 육신의 정욕, 안목의 정욕, 이생의 자랑이다. 세상의 길은 세상 사람들이 좋아하는 것들을 얻는 길이며, 세상의 가치와 방식이 지배하는 길이다. 이 길은 탐욕과 죄로 얼룩진 길이다. 이 모든 것은 하나님으로부터 온 것이 아니라 전부 세상으로부터 온 것이다(요일 2:16).

생각해 보라. 하나님께서 세상의 길을 걷겠는가? 아니다. 하나님은 세상의 길이 아니라, 하나님의 길을 걷는다.

그렇다면 하나님의 길은 무엇인가?

먼저 생각할 것은 여호와 하나님은 자신의 성품에 어긋나게 행동하지 않으신다는 사실이다. 하나님은 언제나 자신의 성품에 따라 행동하신다. 따라서 하나님의 길은 곧 하나님의 성품인 셈이다.

그렇다면 하나님은 어떤 성품을 가지신 분인가? 우리는 하나님의 속성을 통해 하나님의 성품을 알 수 있다. 하나님의 속성은 다음과 같다.

여호와 하나님은 거룩하시다(시 22:3; 레 22:32).

> 나는 너희의 하나님이 되려고 너희를 애굽 땅에서 인도하여 낸 여호와라. 내가 거룩하니 너희도 거룩할지어다(레 11:45, 참고. 벧전 1:16).

하나님은 매우 고귀하시고 성결하시며 고결하시다. 하나님에게는 속된 것이나 부정한 것, 더러운 것이 전혀 없다. 하나님은 순수하시고 신성하시며 거룩하시다. 세상과 완전히 구별되신 분이시다.

하나님은 의로우시다(시 119:137). 하나님은 생각하는 것이나 행동하는 것이나 모두 의로우시다.

> 나는 정의로운 길로 행하며 공의로운 길 가운데로 다니나니(잠 8:20).

하나님은 자신의 의로운 성품을 따라 판단하시고 판결하신다. 하나님께서 불의와 불법 그리고 편법을 미워하시는 이유는 그분이 본질적으로 공의로우시기 때문이다.

> 그 가운데에 계시는 여호와는 의로우사 불의를 행하지 아니하시고 아침마다 빠짐없이 자기의 공의를 비추시거늘 불의한 자는 수치를 알지 못하는도다(습 3:5).

하나님께서 불의함에 치우치지 않고 정의와 공의의 길을 걸으심은 그분 자체가 의로우시기 때문이다.

여호와 하나님은 선하시다(시 100:5). 하나님께서 악인들의 꾀와 죄인들이 몰려가는 길, 그리고 오만한 자들의 자리에 앉아 떠드는 것을 미워하심은 그분이 지극히 선하시기 때문이다. 하나님 안에는 악이나 악함이 티끌만큼도 없다. 하나님에게는 나쁜 것도 없고, 흠도 티도 없는 분이시다.

하나님은 좋으신 분이시고, 선하신 분이시다. 하나님은 인간들이 말하는 '도덕적 기준'보다도 훨씬 더 뛰어난, 상상도 할 수 없을 만큼 절대적이고 완전한 도덕적 기준을 가지고 그것에 맞게 행동하시는 분이시다. 그리고 이루 말할 수 없이 착하신 분이시다. 그래서 우리는 하나님을 '선하신 하나님', '좋으신 하나님'이라고 부른다.

하나님은 사람들이 자기가 보기에 옳다고 여기는 것을 행하기보다 하나님이 보시기에 옳다고 여기는 것을 행하는 것을 기뻐하신다. 인간이 보기에 좋은 것, 혹은 바른 것이 그 나름대로 인간을 선하게 하고 도덕적이게 하지만, 하나님의 기준에서 볼 때 그것은 선하지 못할 수도 있다. 그 이유는 선의 기준이 인간이 아니라 하나님이시기 때문이다. 인간의 선함은 하나님의 절대적 선의 기준에 미치지 못한다. 세상에 존재하는 수많은 선함을 다 모아도 하나님의 선함이라는 기준을 충족시킬 수가 없다. 이처럼 하나님의 선하심은 인간의 선함과는 비교할 수 없다. 그렇기에 하나님은 자신만의 선한 길을 걷는다.

하나님은 진실하시다. 출애굽기 34:6절 말씀이다.

> 여호와께서 그의 앞으로 지나시며 선포하시되 여호와라. 여호와. 자비롭고 은혜롭고 노하기를 더디 하고 인자와 진실이 많은 하나님이라.

하나님은 마음이 정직하시다(시 25:8). 마음에 거짓이 없고 순수하시다. 그분은 진리와 진실 그 자체이시며, 진리와 진실함으로 충만하시다. 그래서 하나님은 거짓말을 하실 수 없고, 거짓을 미워하신다. 하나님의 길은 진리의 길이요, 진실과 정직의 길이다. 그분은 언제나 진리의 길을 걷는다.

하나님은 사랑이시다.

> 사랑하지 아니하는 자는 하나님을 알지 못하나니 이는 하나님은 사랑이심이라(요일 4:8).

> 하나님이 우리를 사랑하시는 사랑을 우리가 알고 믿었노니 하나님은 사랑이시라 사랑 안에 거하는 자는 하나님 안에 거하고 하나님도 그의 안에 거하시느니라(요일 4:16).

하나님께서 노하기를 더디 하시고 오래 참으시는 것은 하나님의 사랑 때문이다. 하나님께서 죄인에게 온유하시고 긍휼과 자비를 베푸시는 것은, 그리고 회개하는 자를 용서하시는 것은 하나님의 사랑 때문이다. 하나님께서 죄인을 구원하시기 위해 자신의 독생자를 아끼지 않고 대속물로 내어주신 것도, 그분의 사랑 때문이다(요 3:16; 엡2:4).

예수 그리스도께서 죄인을 위해 자기 목숨을 주심도 모두 하나님의 사랑 때문이다. 예수님의 십자가의 죽으심과 부활은 하나님께서 이 세상을 진심으로 사랑하신다는 증거요 증명이다(롬 5:8).

여호와 하나님의 길은 무엇인가? 그것은 하나님의 성품

과 일치되는 길이다. 하나님은 자신의 성품, 자신의 속성과 어긋나는 행동을 하실 수 없다. 하나님은 오직 자신의 성품대로만 행동하시고, 그 길을 걷는다. 우리에게 "거룩하라", "의를 행하라", "선을 행하라", "진실하라", "사랑하라", "자비를 베풀라"고 요구하시는 이유도 하나님 자신이 그러한 분이시기 때문이며, 또한 그런 길을 걷고 계시기 때문이다.

> 그러므로 하늘에 계신 너희 아버지의 온전하심과 같이 너희도 온전하라(마 5:48).

따라서 에녹이 하나님과 동행했다는 것은, 곧 여호와의 성품을 따라 살았다는 뜻이며 하나님과 같은 방향으로 걸었다는 의미이다.

하나님의 말씀대로 살다

다음으로 생각할 것은, 하나님께서 하신 말씀이 곧 하나님의 길이라는 점이다. 다음의 말씀을 살펴보라.

> 내가 말하기를 이 무리는 비천하고 어리석은 것뿐이라 여호와의 길, 자기 하나님의 법을 알지 못하니 내가 지도자들에게 가서 그들에게 말하리라 그들은 여호와의 길, 자기 하나님의 법을 안다 하였더니 그들도 일제히 멍에를 꺾고 결박을 끊은지라(렘 5:4~5).

> 그들이 날마다 나를 찾아 나의 길 알기를 즐거워함이 마치 공의를 행하여 그의 하나님의 규례를 저버리지 아니하는 나라 같아서 의로운 판단을 내게 구하며 하나님과 가까이 하기를 즐거워하는도다(사 58:2).

예레미야 5:4~5절[1]과 이사야 58:2절[2]에서 여호와의 길과 하나님의 법, 혹은 하나님의 말씀을 대등하게 말한다. 이는 여호와의 길이 곧, 하나님의 말씀이기 때문이다. 실제로 하나님은 자신의 말씀대로 행하시는 분이시다(창 21:1)[3].

> 여호와를 찬송할지로다 그가 말씀하신 대로 그의 백성 이스라엘에게 태평을 주셨으니 그 종 모세를 통하여 무릇 말씀하신 그 모든 좋은 약속이 하나도 이루어지지 아니함이 없도다(왕상 8:56)

하나님은 자신이 한 말씀과 어긋나게 행동하지 않으신다. 천지는 없어질지라도 하나님이 하신 말씀은 일점일획도 없어지지 아니하고 하나님께서 다 이루신다(참조 마 5:18). 그 이유도 하나님은 자신이 하신 말씀을 어길 수 없고 또 거짓말을 할 수 없기 때문이다.

예수님은 이 세상에 오셔서 하나님 아버지가 말씀하신 것을 성취하는 삶을 사셨다.

> 아들을 낳으리니 이름을 예수라 하라 이는 그가 자기 백성을 그들의 죄에서 구원할 자이심이라 하니라 이 모든 일이 된 것은 주께서 선지자로 하신 말씀을 이루려 하심이니 이르시되(마 1:21~22)

예수님께서 이 세상에 오셔서 왜 하나님이 하신 말씀을 이루셨는가? 왜 예수님은 자기 뜻대로 살지 않고 하나님이 말씀하신 것을 성취하는 삶을 사셨는가? 그 이유는 하나님의 말씀이 하나님께서 계획하신 구원의 길이기 때문이다.

왜 하나님은 우리에게 하나님의 말씀에 순종하라고 요구하시는가?

그것은 하나님의 말씀이 육신이 되신 예수 그리스도이

시고, 또 하나님의 말씀이 우리가 걸어가야 할 생명의 길이기 때문이다. 하나님의 말씀대로 사는 것이, 좌로나 우로나 치우치지 않고 바른 길, 의의 길을 걷는 것이기 때문이다. 또 하나님을 경외하고 하나님의 말씀을 지키는 것이 사람의 본분이기 때문이다.

> 일의 결국을 다 들었으니 하나님을 경외하고 그의 명령들을 지킬지어다 이것이 모든 사람의 본분이니라(전 12:13).

에녹은 하나님의 율법을 받지 않았지만, 자기 시대 사람들의 풍습을 따르지 않고 하나님의 말씀을 따라 살았다. 그래서 하나님과 동행하며 하나님이 가시는 길을 하나님과 함께 걸었다.

하나님과 예수님이 길이다

하나님의 길은 하나님의 성품과 일치되는 것이고 하나님이 말씀하신 것이다. 이는 곧 '하나님이 길이시다'는 뜻이다. 다시 말하면 여호와의 길은 하나님 자신이다.

예수님께서도 "내가 곧 길이요 진리요 생명이라."(요 14:6)

이라고 말씀하셨다. 그리고 "나를 따르라"(막 2:14; 마 9:9; 요 12:26), "내게 배우라"(마 11:29)라고 요구하셨다. 예수님 자신이 진리이시며, 하나님께로 가는 길이자 하나님의 길이시다. 따라서 예수님을 따르는 것이 곧 하나님의 길을 걷는 것이며, 하나님과 동행하는 삶이다.

반대로 하나님을 떠난 사람, 예수님을 떠난 사람은 길 잃은 사람이다. 예레미야 선지자는 유다의 지도자들이 하나님의 백성을 곁길로 가게 하는 것을 가리켜 '나의 백성은 길 잃은 양 떼였다'(새번역 렘 50:6)라고 말했다. 하나님을 떠나 다른 나라를 의지하도록 만들었기 때문이다.

또한 예수님께서는 '큰 무리를 보시고 목자 없는 양 같음'으로 인해 여러 가지로 가르치셨다(마 6:34). 그 이유는 예수님 당시의 종교 지도자들이 길이요 진리요 생명이 되시는 하나님과 하나님의 말씀을 바르게 가르치지 않았기 때문이다. 소경이 소경을 인도하면 둘 다 길에서 방황하게 되는 것처럼 예수님 당시의 사람들은 길을 잃고 방황하는 양 떼와 같았다. 그래서 예수님은 진리의 말씀으로, 사람이 걸어야 할 바른 길을 가르쳐 주셨다.

에녹은 하나님의 말씀이 풍성하지 않았던, 곧 하나님의 말씀이 희귀하던 시대에 살았다. 그렇지만 그는 하나님을 믿었다. 그리고 길이요 진리이신 하나님을 따라갔다. 좌로나 우로나 치우치지 않고 하나님이 말씀하신 대로만 갔다.

에녹은 이렇게 하나님과 동행하며 살다가 죽음을 보지 않고 하나님이 데려가시는 대로 옮겨졌다. 하나님께서 이 세상뿐만 아니라 죽음이 없는 세계에서도 하나님과 동행하도록 하기 위해 그를 데려가셨기 때문이다.

하나님을 기쁘시게 하는 믿음과 동행

사실 에녹이 살던 시대가 어떤 시대였는지 우리는 잘 알지 못한다. 그러나 에녹만이 하나님과 친밀한 우정과 사랑을 나누며 동행한 사람이라는 증거를 보면 그 시대 사람들은 하나님 없이 살았다는 것과, 하나님과 동행하는 삶을 살지 않았다는 것을 짐작할 수 있다. 다시 말하면 하나님과 함께 인생길을 걷지 않고 하나님을 외면하고 각자 자기 길을 걸었다는 뜻이다.

하나님과 함께 인생길을 걷지 않는 삶이란, 하나님을 찾지 않고 두려워하지 않는 삶이다. 이런 삶은 하나님의 뜻에 역행하여 죄를 지으며 사는 삶이요, '하나님과 동떨어진 삶'이다. '악한 길'을 걷는 삶이다. 이것이 에녹 시대 사람들의 일반적인 삶의 모습이었을 것이다.

그러나 에녹은 세상 사람들처럼 하나님을 대하지 않았다. 여호와 하나님을 찾는 자가 없고 하나님이 계신다고 믿는 자도 희귀한 시대에 에녹은 눈에 보이지 않는 여호와 하나님이 계신다고 믿었다. 그리고 여호와를 자기 하나님으로 믿고 섬겼다. 평생을 하나님과 동행하며 살았다. 자신에게 일어나는 모든 일을 하나님과 함께했다.

에녹은 세상의 길이 아닌 하나님이 가시는 길을 열심히 따라갔다. 그는 자신을 쳐서 복종시키며 하나님의 뜻에 자신을 맞추어, 하나님과 함께 인생길을 걸으며 살았다. 히브리서 기자는 에녹의 이런 삶을 한마디로 정리한다.

> 그는 옮겨지기 전에 하나님을 기쁘시게 했다는 증언을 받았느니라(히 11:5b).

믿음이 없는 그 시대에, 에녹은 누구로부터 이런 증언을 받았는가? 그것은 세상 사람들로부터 받은 것이 아니다. 하나님을 알지 못하는 세상 사람들은 결코 이런 증언을 할 수 없다. 이 증언은 오직 하나님으로부터 받은 증언이요 인정이다. 그는 하나님께 "너는 나를 기쁘게 하였다"는 칭찬과 인정을 받았다.

그렇다면 에녹이 '옮겨지기 전에' 하나님을 기쁘시게 했다는 것은, 구체적으로 무엇을 통해 그렇게 했다는 말인가? 히브리서 기자는 히브리서 11:6절에서 '하나님을 기쁘시게 하는 믿음'이라고 말한다. 창세기 5:22, 24절에서는 '하나님과 동행'했다는 것을 말한다. 따라서 믿음과 동행, 이 두 가지가 하나님을 기쁘시게 한 것임을 알 수 있다.

에녹이 얼마나 하나님을 기쁘게 했으면 죽음이 만연한 세상에서 그를 옮겨 죽음을 경험하지 않게 하시고, 하나님과 영원히 동행하게 하셨을까? 그리고 에녹을 옮기기 전에 이미 '하나님을 기쁘시게 하는 자'라고 증언을 하셨을까?

믿음과 동행, 이 두 가지는 분명 하나님을 기쁘시게 하는 것이다.

지금까지 살펴본 내용을 고려하면 하나님께서 오늘날 우리에게 기대하시는 삶 역시 분명하다. 그것은 '하나님을 기쁘시게 하는 믿음'과 '하나님과 동행하는 삶'이다.

5.
믿음은 하나님을 경외하게 한다

히브리서 11:7

    여호와 하나님을 믿는 사람은 하나님을 사랑함과 동시에 두려움으로 경외한다. 특히 하나님께 죄를 짓는 것을 두려워한다. 죄는 하나님께서 싫어하시며, 그분의 진노를 일으키는 일이다. 죄는 하나님의 뜻과 목적과 말씀에서 벗어나는 것이다. 그러므로 하나님을 믿는 사람은 하나님의 뜻을 어기지 않기 위해 늘 조심스럽게 살아간다.

    그렇다면 왜 사람들은 쉽게 죄를 짓는가? 그것은 두려움이 없기 때문이다. 죄를 짓는 것에 대한 두려움은 물론, 그 책임과 결과에 대한 경각심, 그리고 죄의 형벌에 대한 공포 역시 없기 때문이다. 무엇보다 죄인을 심판하시는 하나님에 대한 두려움이 없기 때문에 죄를 짓는다.

    사람들은 하나님이 두려우면 죄를 짓지 않는다. 자신이

지은 죄에 대해 하나님께서 반드시 심판한다는 것을 알면, 감히 죄를 지을 수 없다. 창세기 6:5~6절 말씀을 보면, 노아가 살던 시대는 죄악이 관영하던 시대였다.

> 여호와께서 사람의 죄악이 세상에 가득함과 그의 마음으로 생각하는 모든 계획이 항상 악할 뿐임을 보시고 땅 위에 사람 지으셨음을 한탄하사 마음에 근심하시고

 죄악이 세상에 가득한 시대가 노아 시대이다. 왜 노아 시대는 죄악이 그렇게도 많았는가? 노아 시대는 '사람이 땅 위에 번성하기 시작할 때'이다. 그리고 사람들이 번성하면서 죄도 함께 늘어나고 확산되었다.
 그 이유는 사람들이 마음으로 생각하고 계획하는 모든 것이 항상 악했기 때문이다. 그들의 생각과 계획이 항상 악했기에, 그들의 행위 역시 악하고 죄를 지을 수밖에 없었다. 그들이 지은 죄는 자신에게는 부패였고, 다른 사람에게는 포악함이었으며, 하나님께는 그분의 뜻을 거스르는 반역이었다.
 결국, 세상에 죄인(사람)이 많아지면서 그들로 인해 죄는 계속해서 재생산되고 확산되었다. 마침내 죄가 세상

에 가득하게 되었다. 그리고 죄를 짓는 사람들로 인해, 사람의 내면도 세상의 질서도 심각하게 타락하였다. 창세기 6:11~12절 말씀은 이렇게 증언한다.

> 그때 온 땅이 하나님 앞에 부패하여 포악함이 땅에 가득한지라. 하나님이 보신즉 땅이 부패하였으니 이는 땅에서 모든 혈육 있는 자의 행위가 부패함이었더라.

하나님은 사람들의 이 같은 모습을 보시고, 사람 지으신 것을 한탄하시며 마음 깊이 아파하셨다. 그리고 근심하셨다(창 6:6). 사람들이 죄를 재생산해서 세상에 가득하게 만드는 것은 결코 하나님께서 바라신 일이 아니었다. 오히려 그것은 하나님의 진노를 자극하는 일이었다.

그러나 그 시대에 한 사람만은 달랐다. 바로 노아이다. 그는 하나님께 은혜를 입은 사람이었다. 하나님은 창세기 6:9절에서 그에 대해 이렇게 기록했다.

> 노아는 의인이요 당대에 완전한 자라 그는 하나님과 동행하였으며

이 말씀은 노아가 어떤 사람인지, 그의 인격과 삶의 방향을 분명히 보여준다. 이제 창세기 6:9절의 말씀과 히브리서 11:7절 말씀을 바탕으로, 노아가 어떤 사람인지 좀 더 자세하게 살펴보려고 한다.

의인

노아는 '의인'이다. 이 표현은 노아 시대 사람들의 '포악함'과 강한 대조를 이룬다. '포악하다'(히. 하마쓰)는 말은 '강포하다', '난폭하다', '잡아찢다'의 뜻으로 몹시 사납고 잔인하다는 의미이다.

노아 시대 사람들은 이웃을 대함에 있어 사납고 잔인했다. 온갖 폭력을 행사하며, 자기가 원하는 것을 빼앗기 위해 절도, 강도, 살인조차 서슴지 않았다. 그들은 오직 자기만을 위해 생각하고 계획하며, 그것을 실행에 옮겼다. 그때마다 난폭하게 행동하여 모든 것을 자기 것으로 만들었다.

그들의 생각과 행동이 항상 악했기에 이웃과 좋은 관계로 지낼 수 없었다. 다시 말하면 사람과 사람 사이에 마땅히 있어야 할 도리, 즉 정의와 공의가 없었다. 공의와 정의는 사라지고, 그 자리를 포악함과 폭력, 불의가 대신했다.

그러나 노아는 의인이었다. 여기서 말하는 '의'는 사람과 사람 사이의 관계가 올바른 것을 의미한다. 노아는 자기 시대 사람들이 행동하는 것처럼 포악하게 행동하지 않았다. 그는 남의 것을 빼앗으려고 하지 않았고 사람과 사람 사이에 무엇이 옳은가를 고민하며 바르게 살았다. 그는 사람의 도리를 지키며, 사람을 대할 때 공정과 공평으로 대했다. 모든 사람과 좋은 관계, 바른 관계에 있기를 원했고, 실제로 그런 의의 삶을 살았다. 그래서 그는 '의인'이라는 증거를 얻었다.

완전한 자

노아는 당대에 '완전한 자'였다. '당대'라는 말은 '세대 안에'라는 뜻이다. 노아는 자기가 살고 있는 세대 안에서 완전한 자였다. 사람들의 행위가 부패하고 포악했을 때 노아는 자기 세대를 통틀어 완전한 자였다. 노아는 의인으로, 완전한 자로 그 세대에서 유일하게 빛나는 사람이었다.

노아가 '완전한 자'라는 말은 그가 도덕적으로 완벽하거나, 죄가 전혀 없는 '완벽한 사람'이라는 뜻은 아니다. 그에게 부족한 부분이 있었지만, 그런데도 하나님께서 받으실 만한 '온전한 사람'이었다는 뜻이다.

노아는 자기 시대 사람들과는 전혀 다른 기준을 가지고 다른 삶을 살았다. 많은 이들이 자기 욕망을 채우기 위해 부패하고 포악하게 행동했지만, 노아는 하나님을 의식하며 그들과 구별된 삶을 살았다. 그는 시대의 흐름을 따르기보다 하나님이 기뻐하시는 삶을 따랐다.

당시 사람들은 '하나님 앞에서(하나님의 면전에서)'조차 하나님이 없는 것처럼 행동하고 죄를 지었지만, 노아는 언제나 '하나님 앞에' 있음을 의식하며 다른 사람과 바른 관계를 추구하며 살았다. 노아 시대 사람들은 하나님을 믿지 않았지만, 그는 하나님이 계시다는 것과 자기를 찾는 자들에게 상 주시는 분이라는 것을 믿으며 살았다. 이런 면에서 노아는 하나님과 타락한 자기 시대 사람들 앞에서 완전한 자였다.

동행자

노아는 하나님과 동행하는 자였다. 에녹이 하나님과 동

행한 것같이 노아도 죄악이 관영한 시대에 하나님과 함께 길을 걸었다. 노아는 자기 세대 사람들과 벗하며 살지 않았다. 대신에 하나님과 함께 걷고 함께 돌아다니며, 하나님과 함께 살았다. 노아는 죄악이 가득한 세상과 친밀하게 지내지 않고 하나님과 친밀하게 지냈다.

노아는 하나님의 은혜를 입었다(창 6:8). 하나님께서 노아 곁에서 함께해 주셨고, 돌봐주셨으며, 죄악이 가득한 세대에 물들지 않도록 보호해 주셨다.

경외하는 자

히브리서 11:7절 말씀은 노아의 또 다른 특징을 말한다. 그것은 '하나님을 경외했다'는 것이다.

> 믿음으로 노아는 아직 보이지 않는 일에 경고하심을 받아 경외함으로 방주를 준비하여 그 집을 구원하였으니 이로 말미암아 세상을 정죄하고 믿음을 따르는 의의 상속자가 되었느니라.

여기서 '경외'(fear)는 단순한 공포감, 무서움을 뜻하지 않는다. 경외는 하나님을 사랑하고 존경하며 높이 대하는 마음에서 나오는 거룩한 두려움이다. 경외는 하나님이 그 무엇과 비교할 수 없는 강력하고 숭고한 분이시며, 하나님을 존경과 경탄의 대상으로써 체험하고 인식할 때 나오는 마음이다.

노아 시대 사람들은 하나님을 두려워하지 않았고, 존경하는 마음도 없었다. 그래서 하나님의 면전에서 부패하고 포악한 행위를 거리낌 없이 저질렀다. 그러나 노아는 하나님에 대한 경외의 마음이 있어서 하나님의 명령과 말씀에 순종하며 살았다.

노아는 하나님으로부터 "아직 보이지 않는 일에 경고하심을 받았을 때 경외함으로 방주를 준비했다"(히 11:7). 보이지 않는 일이란 하나님께서 앞으로 하실 일, 바로 물로써 죄가 가득한 세상을 심판하시는 일이다. 노아는 아직 보이지 않는 일과 또 방주를 준비하라는 경고를 받았을 때 의심 없이 순종했다.

그 이유가 무엇인가? 그것은 하나님을 믿고 경외하는 마음 때문이다. 믿음은 하나님을 경외하게 한다. 노아가 "경외함으로 방주를 준비하였다"는 말씀은 노아가 단순히 경고를 들었기 때문이 아니라 하나님을 경외하는 마음 때문에 방주를 만드는 순종을 했다는 것을 보여준다. 노아는 하나님을 존경하고 높이 대하는 마음 때문에 눈에 보이지 않는 일에도 순종할 수 있었다.

노아를 보면 하나님을 경외함이 그를 순종자로 만들었다는 것을 알 수 있다. 그리고 노아가 보여준 하나님에 대한 경외심은 곧 그의 믿음의 표현임을 알 수 있다.

구원자

히브리서 기자는 노아가 "방주를 준비하여 그 집을 구원하였으니"(히 11:7)라고 말한다. 그는 홍수 심판에서 자기 가족을 구출한 구원자였다.

하나님은 사람이 생각하고 마음에 품는 것, 그리고 행동하는 모든 것이 심히 부패하고 포악함을 더 이상 참고 볼 수 없으셨다. 세상은 온통 죄로 가득 차 있었다.

하나님은 하나님의 형상대로 창조한 인간과 그들이 만든 세상에서 더 이상 희망을 찾을 수 없다고 판단하셨다. 세상은 총체적으로 부패하고 악하였기에, 일부만 고쳐 새롭게 할 수 있는 가능성이 전혀 없었다. 결국 하나님은 모든 인류와 죄악으로 가득한 세상을 멸하시고, 새롭게 시작하기로 결심하셨다. 그래서 생명의 기운이 있는 모든 육체와 혈육 있는 모든 생물을 물로 심판하여 땅에서 멸절시키기로 하셨다(창 6:13, 17).

하나님은 노아에게 "너는 고페르 나무로 너를 위하여 방주를 만들되 그 안에 칸들을 막고 역청을 그 안팎에 칠하라"(창 6:14)라고 명령하셨다. 노아는 하나님을 경외함으로 하나님의 명령에 순종하여 방주를 만들었다.

방주가 완성되자 노아는 하나님의 명령대로 아들들과 아내와 며느리들과 그리고 혈육 있는 모든 생물, 즉 각기 암수 한 쌍씩 방주로 들였다. 물론 먹을 양식도 충분히 준비해 넣었다(창 6:18~22).

그리고 마침내 하나님께서 물로써 세상을 심판하셨다. 하나님의 심판은 무시무시했다. 방주의 문이 닫히자 큰 깊음의 샘들이 터지고, 하늘의 창문들이 열려 엄청난 비가 쏟아졌다. 이 비는 40일 동안 계속되었다. 물은 150일 동안 땅에 넘쳐서 세상의 모든 높은 산을 덮었다. 온 세상이 물바다여서 땅을 찾아볼 수 없었고, 방주만 물 위를 둥둥 떠다녔다.

그 결과, 땅 위에서 움직이는 생물은 다 죽었다. 코로 호흡하는 모든 생물 즉, 사람과 가축과 들짐승과 땅에 기어

다니는 모든 것과 심지어 하늘을 날아다니는 모든 새까지 다 죽었다. 살아남은 것은 오직 노아의 가족과 노아가 데리고 방주에 들어간 생물들뿐이었다. 노아가 만든 방주는 그 방주에 탄 노아의 가족과 생물들의 생명을 보존한 구원 방주였다.

노아는 하나님께서 홍수로 세상을 심판하실 때, 자기 가족을 구출한 구원자였다. 또한 하나님께서 만드실 새 세상의 씨들을 구원한 자였다. 이 모든 것은 그가 하나님을 경외하며, 믿음으로 하나님의 명령에 순종했기 때문이었다(창 6:22).

세상을 정죄한 자

"이로 말미암아 세상을 정죄하고"(히 11:7).

여기서 '이로 말미암아'는 노아의 믿음과 경외함, 그리고 순종을 가리킨다. 노아는 하나님을 믿는 믿음을 통해 당대의 세상과 모든 사람들을 정죄했다. 곧, 그들이 부패하고 포악하며 하나님께 죄를 지었다는 것을 드러낸 것이다.

노아가 하나님께 순종하여 방주를 만들 때 그것을 본 사람들은 아마도 "무엇을 하느냐?"고 물었을 것이다. 노아는 "하나님께서 물로 세상을 심판하시기 때문에 큰 배를 만들고 있소."라고 대답했을 것이다. 어쩌면 사람들은 그를 비웃고 조롱하며, 미쳤다고 말했을지도 모른다. 왜냐하면 그들은 하나님도, 하나님의 경고도, 하나님이 세상을 심판하신다는 것도 믿지 않았기 때문이다.

그들은 하나님께 복종하지 않았으며 경건하지도 않았다(벧전 3:20; 벧후 2:5). 하나님에 대해 무관심했고 냉담했다. 심지어 하나님을 두려워하지도 않았다. 자신들이 어떤 처지에 있는지도 깨닫지 못했다(마 24:37~39). 사람들은 평소처럼 악한 생각과 악한 계획을 세우고 포악한 일을 저질렀다. 먹고 마시고 시집가고 장가가면서 일상에만 몰두했다.

방주가 완성되고 하나님이 멸하시기로 작정한 시간이 되었을 때, 노아와 그의 가족이 방주에 들어갔다. 방주의 문이 닫히자, 인류가 한 번도 겪어보지 못한 홍수가 쏟아졌다.

비가 내리기 시작한 그날부터 마지막 사람들이 죽기까지 누가 옳았는지가 명백히 드러났다. 다시 말해, 하나님을 경외하는 자와 그렇지 않은 자의 차이가 심판을 통해 완전히 드러난 것이다. 노아 시대의 사람들이 잘못되었다는 것과 그들이 하나님의 심판을 받을 만한 죄를 지었다는 사실이 입증된 것이다.

노아는 자신이 옳고, 그들이 잘못되었음을 보여주었다. 그는 하나님을 믿는 믿음과 경외함, 그리고 순종으로 자신이 의롭고 그들이 죄악 되었음을, 자신이 경건하고 그들의 불경하다는 것을 자신의 행위로 정죄했다.

'정죄'는 말로도 할 수 있지만(벧후 2:5), 믿음의 행동과 삶으로도 '당신은 죄가 있다'고 증명하는 선언이 될 수 있다. 아더 핑크는 그리스도인의 의로운 행동과 삶으로 세상을 정죄한다는 것을 이렇게 설명한다.

> "주일을 지키는 자가 주일을 지키지 않는 자를 '정죄 한다.' 세상에 속한 교회를 버리고 영문 밖에 있는 그리스도에게 나아가는 자는 타협하는 자를 '정죄'한다. 노아의 부지런한 수고와 값비싼 수고는 거짓된 안일에 빠져서 냉담해 있는 사람들의 죄를 더 크게 만들었다. 우리가 악인들을 회심시킬 수는 없다. 하지만, 그들이 '핑계 대지' 못 하도록 인격적 경건의 본을 그들 앞에 보여 주도록 힘써야 할 것이다."[1]

진정한 믿음은 반드시 행함으로 나타난다. 행함이 없는 믿음, 말뿐인 믿음은 죽은 믿음이다. 자신의 믿음이 살았는지 죽었는지는 자신의 행위와 삶으로 판별된다. 믿음의 열매가 있다면, 그 믿음은 살아 있는 믿음이다. 그러나 믿는다고 하면서 믿음의 행위나 삶이 없다면, 그 믿음은 죽은 믿음이다.

자신이 진정으로 하나님을 경외하는지 여부도 행함으로 입증한다. 하나님을 진심으로 사랑하는지도 사랑의 실천으로 증명된다.

노아는 보이지 않는 일에 경고하심을 받았을 때, 그것을 믿었고 방주를 준비함으로써 하나님을 경외하고 있다는 사실을 증명해 보였다.

반면, 노아 시대 사람들은 홍수로 멸절될 때까지도 자신들의 불경함과 불의함, 죄악 됨, 그리고 하나님의 살아계심을 깨닫지 못했다(마 24:37~39). 그런 세상에서 노아는 하나님을 믿고 경외하며 순종함으로써, 그 시대 사람들이 얼마나 부패하고 포악하며 하나님께 무관심하고 냉담한 자들인지를 정죄했다.

오늘 우리에게 필요한 것은 바로 이런 믿음과 하나님의 말씀에 대한 순종이다. 이런 믿음과 순종이야말로 우리가 옳고 의로운 자이며, 하나님을 경외하는 자라는 것을 증명한다.

의의 상속자

"믿음을 따르는 의의 상속자가 되었느니라."(히 11:7)

여기서 말하는 '의'는 무엇인가? 하나님과 바른 관계를 의미한다. 노아는 최초로 '의인'이라는 호칭을 받았다(창 6:9). 그는 평생 하나님과 바른 관계안에서 살았고, 하나님을 하나님으로 인정하며 경외하고 동행했다. 그는 전심으로 하나님을 사랑하며 하나님의 명령에 절대 순종했다.

주변 사람들이 마음에 품는 것이나 생각하는 것이 자신과 다르다고 해도 흔들리지 않았다. '남에게 자기 재산을 뺏기는 것은 무능력한 것이다. 오히려 수단과 방법을 가리지 말고 내 것으로 만들어야 한다'라며 포악하게 행동해도 노아는 그런 시대의 풍조를 따라가지 않았다. 그는 하나님을 믿고 경외함으로 하나님과 바른 관계에 있는 것을 더 중요하게 여겼다.

그리고 그들과 다른 삶, 즉 하나님과 동행하는 삶을 살았다. 그는 하나님과의 바른 관계, 즉 '의를 전파'(벧후 2:5)^2 하며 살았다. 노아는 자기 시대 사람들의 불법과 포악한 행위들, 그리고 경건하지 않은 행위들을 보고 들으면서 그의 의로운 심령이 크게 상했다. 그런데도 그는 자신의 경건함과 하나님을 경외함으로 하나님께 순종하는 삶을 포기하지 않았다.

하나님을 경외하는 마음은 사람을 죄에서 떠나게 한다. 왜냐하면 하나님을 두려워하는 자는 하나님의 뜻을 거스르기를 두려워하고, 그분을 슬프시게 하기를 원치 않기 때문이다. 노아는 그런 마음으로 살았다. 그래서 부패하고 포악한 세대 속에서도 다른 사람들과 다르게 살았다.

'상속자'라는 말은 '물려받는 사람'을 뜻한다. 그러면 '의의 상속자'는 '의를 물려받는 사람'이라는 뜻이다. 노아는 '하나님과 바른 관계'라는 복을 유산처럼 물려받는 사람이 되었다. 그래서 그는 창세기 6:9절에서 '의인'이라고 불린다.

하지만 이것으로 끝이 아니다. 노아로 하여금 하나님과 바른 관계에 있게 하는 것은 '믿음'이다. 그는 믿음으로 하나님과 바른 관계에 있는 사람이 되었다. 그리고 자신처럼 '믿음을 따르는' 사람들도 하나님과 바른 관계에 있는 사람들이 될 수 있다는 모델이 되었다. 누구든지 노아처럼 하나님이 계신다는 것과 하나님은 자기를 찾는 자들에게 상 주시는 분이심을 믿는다면, 그리고 하나님을 경외함으로 하나님께 순종하면 하나님과 바른 관계, 즉 의롭다 함을 받고 의인이 되는 것이다.

정리하면 믿음은 하나님을 경외하게 한다. 경외하는 마음이 없는 믿음은 진정한 믿음이 아니다. 진정한 믿음은 하나님이 어떤 분이신지를 바로 아는 데서 출발한다. 하나님은 사랑의 하나님이시지만 동시에 거룩하신 하나님이시며, 죄에 대해 결코 묵과하지 않으시는 심판의 하나님이시다. 이러한 하나님을 믿는 자는 하나님 앞에서 함부로 살 수 없다. 하나님이 나의 모든 생각과 말과 행동을 보고 계시고, 그 모든 것을 심판하실 분이라는 사실 앞에 두려운 마음으로 조심하여 살아간다. 이것이 경외이다.

노아는 하나님을 경외했기에, 보이지 않는 심판에 대한 경고를 두려움으로 받았고, 하나님께서 명하신 말씀에 즉시 순종했다. 사람들은 그를 조롱했을지 모르지만, 노아는 하나님의 말씀을 두려운 마음으로 붙들고 방주를 지었다. 그 결과 그는 자신과 가족을 구원했고, 또한 의를 따르는 자로서 세상을 정죄하는 자가 되었다. 노아의 믿음은 그를 경외하는 자가 되게 했고, 경외는 순종을 낳았고, 순종은 구원을 가져왔다.

오늘 우리도 믿음을 말하지만, 과연 하나님을 경외하는가? 하나님을 사랑한다고 말하면서도 죄에 대해 가볍게 여기고 살아가지는 않는가?

믿음은 하나님을 사랑하고 동시에 경외하는 마음이다. 하나님을 사랑한다면, 그분의 뜻을 지키고 싶어지고, 그분을 기쁘시게 하기 원하며, 그분 앞에서 바르게 살기를 소망하게 된다. 그리고 그 마음 깊은 곳에는 '하나님을 슬프시게 하지 않기 위한' 거룩한 두려움이 자리 잡는다.

노아처럼 하나님의 말씀을 진지하게 듣고, 경외함으로 순종하는 자가 되어야 한다. 믿음은 하나님을 경외하게 하며, 그 경외는 순종을 낳고, 순종은 구원을 얻게 한다.

그러므로 믿음으로 하나님을 경외하라. 이것이 생명의 길이며, 구원의 길이다.

6.
믿음은 하나님만 소망하게 한다

시편 146:1~10

　사람의 인생은 형통한 날과 곤고한 날이 씨줄과 날줄처럼 엮여 인생의 파노라마를 이룬다(전 7:14). 자신의 미래를 알지 못한 채 칠십 년을, 건강하면 팔십 년을 살아간다. 그러나 돌이켜 보면 우리 기억에 남은 것은 수고와 슬픔뿐일 때가 많다. 좋은 시기에는 행복을 누리지만, 어려운 시기에는 우리의 무능력을 한탄한다. 나쁜 상황을 견딜 만한 상황으로, 혹은 더 나은 상태로 바꾸려고 애쓰지만, 그때마다 우리의 무능함을 절감한다.

　우리는 누군가의 도움이 필요하다. 내 힘으로 안 되는 일이 너무도 많기 때문이다. 그래서 도움이 필요할 때는 힘 있는 사람, 많은 재산을 가진 사람, 혹은 권세와 권력을 가진 사람을 의지하기도 한다. 그런데 하나님은 시편

146:3~5절에서 이렇게 말씀하신다.

> 귀인들을 의지하지 말며 도울 힘이 없는 인생도 의지하지 말지니 그의 호흡이 끊어지면 흙으로 돌아가서 그 날에 그의 생각이 소멸하리로다. 야곱의 하나님을 자기의 도움으로 삼으며 여호와 자기 하나님에게 자기의 소망을 두는 자는 복이 있도다.

사람은 지위 고하와 능력의 유무를 막론하고 모두 도울 힘이 없는 존재이다. 오늘이라도 그의 호흡이 끊어지면 흙으로 돌아가서 '도와주겠다'는 모든 약속과 계획이 소멸된다. 그러면서 시인은 누가 진정한 우리의 도움이 되는지를 말한다. 바로 "야곱의 하나님"을 자신의 도움으로 삼는 것이다.

'야곱의 하나님'이라는 호칭이 무슨 의미인지, 어디에서 비롯된 호칭인지를 생각하게 한다.

야곱의 위기

야곱의 생애를 살펴보면 그에게 몇 번의 위기가 있었다.

먼저, 그는 형 에서인 척하여 아버지 이삭으로부터 축복을 가로챈 일이다. 이 일로 자기 복을 빼앗긴 에서는 야곱을 죽이려고 했다(창 27:35, 41). 그래서 야곱은 형 에서를 피해 외삼촌 라반의 집으로 도망을 쳤다.

야곱은 외삼촌 라반의 집에서 혹독하게 일했다. 자신보다 더 간교한 외삼촌 라반에게 속아 온갖 고생을 했다. 라반의 딸 라헬을 사랑해서 결혼하기 위해 품삯을 받지 않고 칠 년을 일했는데, 라헬 대신에 그녀의 언니 레아를 아내로 주었다(창 29:25). 야곱은 사랑하는 라헬을 아내로 맞이하기 위해 다시 칠 년을 더 라반을 위해 일했다(창 29:30).

이 외에도 라반은 야곱을 속여 품삯을 열 번이나 변경했다(창 31:7, 41). 양 떼를 치는 동안 들짐승에게 찢기거나 도둑맞은 것이 있으면, 야곱은 자신의 사비로 보충해야 했다. 야곱은 자신보다 더 지독한 사람을 만나 낮에는 더위를, 밤에는 추위를 무릅쓰고 눈 붙일 겨를도 없이 혹독하게 일했다(창 31:39~40).

심지어 독립을 위해 품삯을 정할 때, 라반은 좀처럼 태어나지 않는 '점 있는 양'을 품삯으로 주겠다고 했다. 그런데 점 있는 양이 많이 태어나자 라반은 '얼룩무늬 양'을 품삯으로 주겠다고 번복했다. 얼룩무늬 양이 많이 태어나자

이번에는 검은 양과 염소를 품삯으로 약속하는 등, 품삯을 열 번이나 변경하였다(창 31:8~12). 야곱이 라반의 집에서 일하고, 또 자기 가족과 가축을 이끌고 라반의 집을 떠났을 때 하나님이 함께하시고 도와주시지 않았다면, 야곱은 결코 살아남지 못했을 것이다(창 31:42).

야곱도 절체절명의 순간이 있었다. 바로 자기 아버지의 집으로 돌아올 때다. 그는 가족과 함께 얍복강에 도착했다. 그때 자기 형 에서가 마음에 걸렸다.

그래서 그는 자기보다 앞서 사자들과 엄청난 예물을 형 에서에게 보냈다. 이는 사자들을 통해 형 에서의 마음을 돌려 자신의 생명을 해치지 않게 하려는 야곱의 계책이었다.

하지만 야곱이 보낸 사자들은 에서를 설득하는 데 실패했다. 사자가 가져온 소식은 에서가 야곱을 죽이려고 400명의 무리를 이끌고 오고 있다는 것이었다(창 32:6).

야곱은 심히 두려웠고 또 답답했다. 자기 힘으로는 어떻게 해 볼 수 없었기 때문이다. 꾀를 내어 자기 가족과 가축들을 두 떼로 나누고 강을 건너게 했다. 한 떼를 공격하면 다른 한 떼는 도망가게 하기 위해서이다.

하지만 야곱은 형 에서가 무서워 강을 건너지 못했다.

자신을 죽이러 오는 형을 어떻게 할 수 있는 방법이 그에게는 없었다. 야곱이 할 수 있는 일이란 아무것도 없었다.

하나님께 도움을 구한 야곱

야곱의 사자들은 아무런 도움이 되지 못했다. 시인의 말처럼 인생은 도울 힘이 없었다(시 146:3). 긴박하고 위급한 상황에서 야곱이 의지하고 도움을 받을 수 있는 것은 아무것도 없었다.

사람은 사방이 막히고 나면 비로소 하늘을 쳐다본다. 야곱도 그랬다. 그를 도와줄 수 있는 분은 오직 하나님뿐이었다.

자신의 방법이 수포로 돌아가자 야곱은 돌기둥을 세우고 그 위에 기름을 붓고 "평안히 아버지 집으로 돌아가게 하시오면 여호와께서 나의 하나님이 되실 것이요"(창 28:18~22)라고 서원하며 기도했던, 벧엘에서 만난 하나님을 떠올렸을지도 모른다.

얍복강 가에 남아 있던 야곱은 밤새도록 하나님께 기도했다. 그는 "내 조부 아브라함의 하나님, 내 아버지 이삭의 하나님 여호와여, … 내가 주께 간구하오니 내 형의 손에서, 에서의 손에서 나를 건져내시옵소서. 내가 그를 두려워함은 그가 와서 나와 내 처자들을 칠까 겁이 나기 때문이니이다. 주께서 말씀하시기를 내가 반드시 네게 은혜를 베풀어 네 씨로 바다의 셀 수 없는 모래와 같이 많게 하리라 하셨나이다."(창 32:9~12)라고 간절히 기도했다. 그리고 천사와 씨름까지 했다. 창세기 32장은 야곱의 이 간절한 기도를 '씨름'에 비유하여 표현한 듯하다. 호세아 12:4a절에서는 야곱이 울면서 하나님께 간구했다고 한다.

> 천사와 겨루어 이기고 울며 그에게 간구하였으며(호 12:4a)

하나님은 야곱의 기도를 들으시고 그에게 큰 은혜를 베푸셨다. 하나님은 그의 이름을 야곱에서 이스라엘로 바꾸어 주셨다(창 32:28). 이는 야곱의 운명이 바뀌는 순간이었다.

하나님의 도움을 받은 야곱

야곱은 아침에 얍복강을 건넜다. 과연 사자가 전해 준 말대로 형 에서가 400명을 거느리고 그에게로 왔다. 야곱은 형을 향해 일곱 번이나 몸을 깊이 숙였다.

놀랍게도 형 에서는 칼 대신 두 팔을 벌려 야곱에게로 달려왔고, 그를 힘껏 껴안으며 입맞춤으로 환영해 주었다. 20년 묵은 야곱에 대한 앙금은 온데간데없이 사라졌다.

야곱 또한 형 에서에 대한 두려움이 눈 녹듯 사라졌다. 이들은 서로 끌어안고 울었다(창 33:3~4). 야곱은 형에게 은혜 입기를 간청했고, 에서는 동생을 기꺼이 용서했다. 이처럼 절체절명의 순간에 하나님께서 야곱을 도우셔서 그의 목숨을 구원해 주셨다. '왕의 마음이 여호와의 손에 있다'(잠 21:1)는 말씀처럼, 에서의 마음 또한 하나님의 주권적인 손에 있었다. 하나님께서 에서의 마음을 어루만져 풀어 주셨기에 그가 야곱을 용서할 수 있었다.

야곱의 하나님

이 사건 이후, 하나님의 칭호는 '아브라함의 하나님, 이삭의 하나님'에 더해 '야곱의 하나님'으로 확장되었다.

하나님께서 모세를 부르실 때 자신을 가리켜 친히 '야곱의 하나님'이라고 하셨다. 출애굽기 3:6절 말씀이다.

나는 네 조상의 하나님이니 아브라함의 하나님, 이삭의 하나님, 야곱의 하나님이니라.

하나님께서 자신을 '야곱의 하나님'이라고 말씀하신 것은 야곱이 여호와 하나님을 자신의 도움으로 삼고, 그분께 모든 소망을 두었기 때문이다. 하나님은 오직 자신을 도움으로 삼고 모든 소망을 두는 자를 기꺼이 도와주신다. 그리하여 그들의 소망이 현실이 되게 하신다.

이러한 이유로, '야곱의 하나님'은 기도에 응답하시고 도움을 주시며, 소망을 현실로 이루어 주시는 하나님이라는 의미를 갖는다.

야곱처럼 여호와를 진정으로 믿는 자는 절체절명의 상황에서 하나님만 신뢰하고 의지한다. 하나님은 오직 자신만을 소망하는 자들을 기꺼이 도와주신다. 그러므로 참된 믿음을 가진 자는 도울 힘이 없는 인생을 의지하지 않고, 오직 하나님만 신뢰하고 의지하는 사람이라고 말한다.

상한 갈대 지팡이를 도움으로 삼는 자

사람은 누구나 위기를 경험한다. 자신의 한계에 부딪힌다. 그러면 도움이 필요하다. 이때 모든 사람이 하나님께 도움을 구하는 것은 아니다. 이스라엘의 역사를 보면 종종 치명적인 실수를 하는 것을 볼 수 있다. 그것은 진정으로 도와주실 수 있는 하나님을 찾지 않고 다른 것을 찾고 의지하는 경우다. 그런데 이스라엘만이 이렇게 하는 것이 아니라 많은 사람들이 동일하거나 비슷한 실수를 한다.

우상

사람들은 도움이 되시는 하나님을 버리고 전혀 도움이 되지 않는 우상을 찾거나 의지한다.

구약성경 사사기를 읽어보면 일곱 번 반복되는 악순환의 사이클이 등장한다. '여호와의 목전에서 악을 행하여 다른 신을 섬김 - 여호와께서 진노하사 노략하는 자의 손에 넘김 - 이스라엘 자손이 여호와께 부르짖음 - 여호와께서 한 구원자를 세워 구원하심 - 그 땅이 평온하게 됨 - 또 여호와의 목전에서 악을 행함.' 이것을 반복하는 사이클이다.

사사기에 일곱 번이나 등장하는 이 악순환의 시발점은 바로 '여호와 하나님을 버리고 우상을 숭배하는 것'이다. 자신들에게 진정한 도움이 되시는 하나님을 버리고, 생명도, 도움도 줄 수 없는 우상을 자신의 도움으로 삼기 때문에 악순환에 갇히게 되었다. 그리고 다른 민족의 지배를 받는 고통의 삶을 살았다.

왕

하나님을 버리고 우상을 의지하는 경우만 있는 것이 아니다. 사무엘이 활동하던 시대에 이스라엘 백성은 "모든 나라처럼 우리에게 왕을 세워 우리를 다스리게 하소서"(삼상 8:6), "우리도 다른 나라들같이 되어 우리의 왕이 우리를 다스리며 우리 앞에 나가서 우리의 싸움을 싸워야 할 것이니이다"(삼상 8:20) 하고 요구했다. 하나님은 이런 요구를 가리켜 이스라엘 백성이 하나님을 버렸다고 말씀하셨다.

> 여호와께서 사무엘에게 이르시되 백성이 네게 한 말을 다 들으라 이는 그들이 너를 버림이 아니요, 나를 버려 자기들의 왕이 되지 못하게 함이니라(삼상 8:7. 참조. 삼상 10:19).

이것은 위기의 때에, 도움이 필요한 때에, 하나님을 신뢰하고 의지하는 것이 아니라 모든 나라가 그랬던 것처럼 왕을 의지하는 것이다. 하나님께서 싸워주시는 것보다 왕이 나가서 싸우는 것이 더 승리할 가능성이 크다고 믿었던 것이다. 하나님이 아니라 왕이 문제를 해결할 것으로 믿었던 것이다.

버림받은 하나님은 가슴이 아팠지만, 이스라엘 백성이 원하는 대로 왕을 주셨다. 그들은 사울을 자신의 왕으로 선택했다. 그리고 사울은 암몬 사람들이 쳐들어왔을 때 백성의 바람대로 나가서 싸웠고 대승리를 거뒀다(삼상 11:1~11). 블레셋 족속을 쳐서 승리하기도 하고(삼상 13:1~14:23), 아말렉 족속을 쳐서 승리하기도 했다(삼상 15:1~9).

하지만 거기까지였다. 사울 왕이 대적하기에 버거운 블레셋 족속의 골리앗이 군대를 이끌고 쳐들어왔을 때는 나가서 싸울 엄두조차 내지 않았다(삼상 17:11, 16, 24). 이는 이스라엘의 왕으로서 마땅히 해야 할 역할 다하지 못한 것이었다.

이는 정작 필요한 순간에 이스라엘 백성의 진정한 도움이 될 수 없었던, 미약한 인간에 불과했기 때문이다.

하지만 다윗은 달랐다. 그는 칼이나 창 대신에 물맷돌을 들었고, 자신의 힘과 능력이 아닌 '만군의 여호와 하나님'의 이름으로 싸웠다. 그리고 하나님의 도우심으로 골리앗을 쓰러뜨리고 블레셋과의 전투에서 대승리를 거두었다.

다윗이 골리앗을 죽인 이 전쟁은 오직 '여호와만이 우리의 도움이시다'는 진리를 생생하게 보여준다. 사울과 같은 왕이 아니라 하나님이 우리의 도움이시고, 골리앗과 같은 군인이나 군대가 아니라 만군의 여호와 하나님만이 우리의 도움이시다. 칼과 창이 아닌, 하나님만 우리를 구원한다는 진리다.

힘 있는 나라

우상을 의지하거나 왕을 의지하는 것뿐만 아니라 힘 있는 나라를 의지하는 경우도 마찬가지다. 유다 왕국이 멸망하기 직전, 국제 정세가 바벨론으로 기울자 유다 왕국은 애굽을 의지했다. 이사야 선지자는 그런 유다 왕국의 정치 지도자들을 책망하며 이사야 31:1~3절에서 이렇게 경고했다.

> 도움을 구하러 애굽으로 내려가는 자들은 화 있을진저. 그들은 말을 의지하며 병거의 많음과 마병의 심히 강함을 의지하고 이스라엘의 거룩하신 이를 앙모하지 아니하며 여호와를 구하지 아니하나니 여호와께서도 지혜로우신즉 재앙을 내리실 것이라. 그의 말씀들을 변하게 하지 아니하시고 일어나사 악행하는 자들의 집을 치시며 행악을 돕는 자들

을 치시리니 애굽은 사람이요 신이 아니며 그들의 말들은 육체요 영이 아니라. 여호와께서 그의 손을 펴시면 돕는 자도 넘어지며 도움을 받는 자도 엎드러져서 다 함께 멸망하리라.

또 애굽을 가리켜 "그것은 상한 갈대 지팡이와 같은 것이라. 사람이 그것을 의지하면 손이 찔리리니 애굽 왕 바로는 그를 믿는 모든 자에게 이와 같으니라"(사 36:6)라고 말하면서 상한 갈대 지팡이에 불과한 애굽을 의지하지 말라고 말씀하셨다.

정치 지도자들은 국제 무대에서 강대국과 동맹을 맺거나 조약을 체결하면 안전을 보장받을 수 있다고 주장한다. 유다 왕국도 그랬다. 애굽과 동맹을 맺으면 바벨론을 견제할 수 있을 뿐만 아니라 바벨론에 조공을 바치지 않아도 되고, 심지어 바벨론이 침략해 와도 동맹국 애굽이 도와줄 것으로 믿었다.

하지만 실제 세계사의 흐름에서 애굽은 유다 왕국의 도움이 되지 못했다. 주전 605년 갈그미스 전투(The Battle of Carchemish)에서 애굽은 바벨론의 느부갓네살에게 대패했다. 느부갓네살은 애굽의 국경까지 진격했고, 여호야김은 3년간 바벨론에 조공을 바쳤다.

하지만 느부갓네살이 애굽 국경까지 진격했음에도 애굽 왕 느고를 완전히 제압하지 못하고 바벨론으로 후퇴하자, 여호야김은 이를 기회 삼아 바벨론을 배반하고 조공을 중단했다(왕하 24:1). 애굽 왕 느고에 의해 유다 왕이 된 여호야김(엘리아김)은 친애굽 정책을 펼쳤다.

바벨론의 느부갓네살 왕은 바벨론을 배반한 여호야김을 내버려두지 않았다. 군대를 급파하여 여호야김을 쳤고(왕하 24:2) 여호야김을 쇠사슬로 결박하여 바벨론으로 잡아갔다(대하 36:6).

그리고 여호야김 대신에 여호야긴을 유다 왕으로 세웠다. 그도 석 달 열흘 만에 바벨론으로 끌려갔다(대하 36:9~10).

그 후 시드기야가 유다의 왕이 되었으나 그 역시 애굽을 등에 업고 바벨론을 배반하고 목을 곧게 했다.

그 결과 바벨론의 느부갓네살 왕은 유다 왕국을 멸망시키고 말았다. 이때 시드기야는 두 눈이 뽑힌 채 놋 쇠사슬로 결박되어 바벨론으로 끌려갔고, 그의 아들들은 시드기야의 눈앞에서 죽임을 당했다(왕하 25:7). 그리고 여호와의 성전과 왕궁이 불타고 예루살렘 성벽이 허물어졌으며 수많은 사람이 포로가 되어 바벨론으로 끌려갔다(왕하 25:9, 11).

이 시기에 활동했던 선지자가 바로 '눈물의 선지자' 예레미야였다. 그는 목에서 피를 토하는 심정으로 애굽을 의지하지 말고, 애굽으로 내려가지도 말라고 외쳤다. 예레미야는 느부갓네살이 북쪽에서 내려와 애굽의 신들과 신당들을 불사르고, 애굽을 쳐서 죽이고, 사로잡으며, 칼로 멸할 것이고 예언했다(렘 43:11~13). 한마디로 애굽은 결코 유다의 도움이 될 수 없다는 것이다. 또 그는 "노의 아몬과 바로와 애굽과 애굽 신들과 왕들 곧 바로와 및 그를 의지하는 자들을 벌할 것이라"(렘 46:25)라는 하나님의 말씀을 전했다.

하지만 유다의 왕들은 나라가 멸망하는 순간까지도, 나라의 위기를 오직 정치적인 방법으로만 해결하려고 했다. 국제적으로 힘 있는 나라와 동맹을 맺고 그들의 도움과 힘으로 유다 왕국을 위기에서 구출하려고 했다. 그들이 의지했던 대표적인 대상은 바로 애굽이었다.

그러나 애굽은 유다의 도움이 되지 못했다. 유다의 왕들이 번번이 바벨론으로 끌려갔음에도 불구하고 애굽을 맹신하고 의지하며 자신들의 진정한 도움으로 삼았다. 그 결과는 함께 멸망하는 것이었다(사 31:1~3).

이사야 선지자와 예레미야 선지자가 외친 핵심 메시지

는 애굽이 상한 갈대로 만든 지팡이와 같다는 것이다(사 36:6; 겔 29:6; 왕하 18:21). 아무런 도움도 되지 못하는 것을 의지하지 말고, 오직 진정한 도움이신 하나님께로 돌아와 그분을 찾고 자신의 도움으로 삼으라는 것이었다. 살 길은 하나님께 있으며, 그분께 소망을 두고 의지할 때만 살 수 있다는 간절한 외침이었다.

> 여호와께서 이와 같이 말씀하시니라. 무릇 사람을 믿으며 육신으로 그의 힘을 삼고 마음이 여호와에게서 떠난 그 사람은 저주를 받을 것이라. 그는 사막의 떨기나무 같아서 좋은 일이 오는 것을 보지 못하고 광야 간조한 곳, 건건한 땅, 사람이 살지 않는 땅에 살리라. 그러나 무릇 여호와를 의지하며 여호와를 의뢰하는 그 사람은 복을 받을 것이라. 그는 물 가에 심어진 나무가 그 뿌리를 강변에 뻗치고 더위가 올지라도 두려워하지 아니하며 그 잎이 청청하며 가무는 해에도 걱정이 없고 결실이 그치지 아니함 같으리라(렘 17:5~8).

여호와 하나님을 버리고 사람을 의지하면 저주를 받는다. 이는 스스로를 건조하고 사람이 살 수 없는 사막에서 살게 하는 것과 같다. 하나님이 아닌 사람을 의지하는 자는 결코 좋은 일이 오는 것을 볼 수 없다.

그러나 여호와를 의지하고 의뢰하는 사람은 복을 받는다. 그는 물가에 심긴 나무처럼 걱정이 없고, 잎이 푸르러 풍성한 결실을 맺는다.

진정한 도움이 되는 하나님을 버리고 도울 힘이 없는 우상이나 최고 지도자나 강대국을 의지하는 일은 지금도 흔하다. 정치와 이데올로기, 또는 막강한 군사력이 나라를 위기에서 구할 것이라고 믿는 사람들이 많기 때문이다.

어떤 사람은 돈을 의지하는 사람도 있고, 자신의 지혜나 지식이나 경험을 의지하는 사람도 있다. 심지어 하나님보다도 자기 주먹(능력)을 더 믿고 의지하는 사람도 있다.

하지만 이 모든 것은 '상한 갈대로 만든 지팡이'에 불과하다(사 36:6). 갈대로 만들었기 때문에 잠시 지팡이 노릇을 할 수도 있겠지만, 오래가지 못한다. 상한 갈대이므로 곧 부서지거나, 오히려 그 지팡이를 의지하는 자의 손을 찌르며 상처를 줄 것이다.

심지어 이 갈대 지팡이를 의지하면 할수록 고통만 가중될 뿐이다. '여호와께서 그의 손을 펴시면 돕는 자도 넘어지며 도움을 받는 자도 엎드러져 함께 멸망한다'(사 31:3)고 했다.

우리가 신뢰하고 의지하며 의뢰할 분은 오직 여호와 하나님 한 분뿐이시다. 우리의 구원자는 정치적 왕도, 동맹국도, 이데올로기도, 이념도 아니다. 우리의 능력이나 재물 또한 우리를 구원할 수 없다. 우리를 구원하며 진정한 도움이 되시는 분은 오직 여호와 하나님 한 분뿐이다.

하나님에게 소망을 두는 자

하나님을 믿는 자는 자신의 믿음과 소망을 오직 하나님께 두는 자이다(벧전 1:21; 시 78:7). 시편 146:5절에서 "야곱의 하나님을 자기의 도움으로 삼으며 여호와 자기 하나님에게 자기의 소망을 두는 자는 복이 있도다."라고 말한 것과 같다.

하나님께 자신의 소망을 두는 사람은 언제 어디서든지, 어떤 상황에서든지 하나님을 찾는다. 위태로울 때도 하나님을 찾고 도움이 필요할 때도 하나님께 나아간다. 그리고 아무것도 염려하지 않고 자신이 구할 것을 기도와 간구로, 그리고 감사함으로 기도한다.

이는 하나님이 자신의 소망이시며, 고난을 겪는 자신을 구원하실 유일한 구원자라고 믿기 때문이다.

학사요 제사장인 에스라가 바벨론에서 포로 생활을 하고 있던 유대인을 이끌고 예루살렘으로 귀환할 때, 아닥사스다 왕이 귀환하는 사람들을 호위해 줄 보병과 마병을 지원해 주겠다고 했다. 하지만 에스라는 그것을 부끄럽게 여겼다. 왜냐하면 "우리 하나님의 손은 자신을 찾는 모든 자에게 선을 베푸시기 때문이다."(스 8:22).

에스라는 아모스 선지자가 성령에 감동되어 선포한 말씀, "너희는 나를 찾으라. 그리하면 살리라."(암 5:4, 6)라는 말씀과 이사야 선지자가 선포한 "너희는 여호와를 만날 만한 때에 찾으라. 가까이 계실 때에 그를 부르라."(사 55:6)는 말씀을 기억하고 믿었다. 에스라는 여호와 하나님이 자신을 찾는 자를 버리지 아니하신다는 것을 믿었다.[1] 하나님은 자신을 찾는 모든 자를 구원하시고 대적들의 손에서도 해를 입지 않도록 보호하실 것을 믿었다. 그래서 아닥사스다 왕이 제공하겠다는 보병과 마병을 거절했다.

그리고 하나님을 자신의 도움으로 삼은 믿음을 따라 아하와 강가에서 귀환하는 모든 유대인과 함께 하나님의 보호와 도움을 구했다. 그들은 스스로 겸비하며 금식하고 간절히 기도했다. "우리와 우리 어린아이와 모든 소유를 위하여 평탄한 길을 주시도록 간구했다"(스 8:21, 23).

여호와 하나님을 자신의 도움으로 삼고 오직 그분만 소망하며 기도했을 때, 하나님은 그들의 기도를 들어주셨다.

1월 1일 바벨론에서 출발했고, 아하와 강가에서 금식하며 기도한 후에 다시 1월 12일에 아하와 강을 떠났다. 그리고 마침내 5월 1일에 예루살렘에 안전하게 도착했다(스 7:9, 8:31). 그들이 아하와 강가에서 금식하며 기도할 때, 강 건너편에서는 에스라와 유대인들이 가지고 가는 여호와의 성전의 금은보화를 노리는 대적들과 매복한 자들이 있었다. 하지만 하나님은 자신에게 소망을 두고 자신을 찾는 자들을 지켜주셨다.

> 첫째 달 십이 일에 우리가 아하와 강을 떠나 예루살렘으로 갈새 우리 하나님의 손이 우리를 도우사 대적과 길에 매복한 자의 손에서 건지신지라(스 8:31).

그리하여 그들은 안전하게 예루살렘에 도착할 수 있었다. 이처럼 야곱의 하나님을 자신의 도움으로 삼고 그분께 소망을 두는 자들은 하나님께서 실망하지 않도록 도우신다. 그러므로 하나님을 믿는 자는 세상의 어떤 것보다 오직 하나님께만 자신의 소망을 두고 살아간다.

21세기를 살아가는 우리에게 필요한 것은 하나님께 소망을 두고 그분을 갈망하는 것이다. 곧, 하나님을 찾는 것이다. 특히 코로나19와 같은 전염병이 모든 민족을 휩쓸거나, 경제적 위기가 전 세계를 위기로 몰아넣을 때, 우리는 여호와 하나님을 우리의 도움으로 삼아야 한다. 민족과 민족이 전쟁하고, 긴장과 갈등이 증폭되어 위기감이 감돌 때, 사람들은 우상이나 통치자, 혹은 강대국을 의지하려고 할 것이다. 그럴수록 우리는 하나님을 의지하고 신뢰해야 한다.

물가와 금리가 하늘 높은 줄 모르고 치솟고 있다. 월급을 제외한 모든 것이 오르며 살기는 더욱 힘들어졌다. 소상공인들이 생업을 이어가기 어려워 폐업하는 곳이 늘고 있다. 피부로 느끼는 삶의 질은 형편없이 떨어졌다. 한마디로 삶이 팍팍하고 고달프다.

지금 우리는 미래의 희망이 보이지 않는 혼란의 시대를 살아가고 있다. 이러한 상황에서 우리에게 필요한 것은 여호와 하나님께 소망을 두고 우리의 도움으로 삼는 것이다. 나아가 오직 하나님만 갈망하며 그분의 도움을 간절히 구하는 것이다.

하나님이여, 사슴이 시냇물을 찾기에 갈급함 같이 내 영혼이 주를 찾기에 갈급하니이다. 내 영혼이 하나님 곧 살아 계시는 하나님을 갈망하나니 내가 어느 때에 나아가서 하나님의 얼굴을 뵈올까(시 42:1~2)?

하늘에 계시는 주여 내가 눈을 들어 주께 향하나이다. 상전의 손을 바라보는 종들의 눈같이, 여주인의 손을 바라보는 여종의 눈같이 우리의 눈이 여호와 우리 하나님을 바라보며 우리에게 은혜 베풀어 주시기를 기다리나이다(시 123:1~2).

하나님을 갈망하고 간절히 드리는 우리의 기도를 들으시는 하나님께서 우리 삶 속으로 친히 들어오셔서 흑암의 권세에서 우리를 구원하시고 이 땅을 고쳐주시기를 소망한다.

제2부

믿음의 효과

7.
믿음은 믿는 자를 거룩하게 만든다

히브리서 11:23~29

    히브리서 11:23~29절은 모세의 믿음을 다루는 하나님의 말씀이다. 우리는 모세를 이스라엘의 위대한 지도자로 기억한다. 이는 그가 이스라엘 백성을 애굽에서 탈출시켰기 때문이다.

    존 맥아더는 히브리서 11:23~29절을 강해하면서 모세에 대해 "모세: 거룩한 선택의 삶"이라는 제목을 붙였다. 그는 이 설교에서 '거룩한 삶은 날마다 옳고 필요한 것을 선택하는 것이다.' '모세는 거룩한 선택과 올바른 결정을 내리는 법을 알고 있었다.'고 강조했다.[1]

    이처럼 믿음은 그가 믿는 대상과 내용에 따라 선택하고 결정하게 한다. 모세는 거룩한 하나님을 믿었기에 거룩한 것을 선택하고 결정할 수 있었다.

믿음은 거룩하게 만든다

'거룩한 하나님을 믿는 믿음은 믿는 자를 거룩하게 만든다.' '거룩하게 만든다'는 부분에 오해가 없기를 바란다. 여기서 말하는 거룩은 성화(sanctification)에 해당한다. 옛사람의 구습을 벗고 예수 그리스도의 새사람을 입는 것이요, 죄악 된 옛 본성을 버리고 하나님의 성품을 닮아가는 것이다. 온갖 죄의 더러움에서 떠나 하나님을 향해 거룩해지는 것을 말한다. 우리의 언행심사(言行心事), 성품, 본성의 필요를 채우고자 하는 성향, 부모와 자식, 부부, 사회생활, 통치자와 백성 등 다양한 관계에서 나타나는 우리의 행위들이 거룩해지는 것을 의미한다.

우리의 몸가짐, 시간 사용, 물질 사용, 직장에서 일하는 방식과 행동, 그리고 우리가 처한 상황들과 문제들을 처리하고 처신하는 방식이 예수님을 믿기 전과 후가 확연히 달라진다. 믿은 이후의 변화는 점점 더 거룩한 모습으로 나타난다. 우리의 인격이나 태도와 자세, 그리고 언행이 하나님의 온전하심처럼 온전하게 되고, 예수 그리스도의 온유함과 겸손함처럼 우리도 그렇게 변화된다.

예수 그리스도를 믿으면 믿음에 근거한 선택과 결정, 그리고 행동을 하게 된다. 이것이 바로 우리를 거룩하게 만든다. 이렇게 거룩해짐, 즉 성화(sanctification)는 믿음에서 출발하며, 믿음에 따른 선택과 결정, 그리고 행위를 할 때 적극적으로 진행된다.

오해하지 말아야 할 것이 있다. '믿음만으로' 성화 되는 것은 아니다. 예수님을 믿는 '믿음 자체'가 우리를 거룩하게 만들어 주지 않는다. 물론 예수 그리스도를 믿으면 그 믿음으로 인해 구원받고 의롭게 된다. 하지만 '믿음으로 말미암아', 혹은 '믿음 자체로' 거룩해지는 것은 아니다.

그렇다면 우리는 어떻게 거룩해지는가? 어떻게 성화 되는가? 그것은 하나님의 은혜와 성령의 도우심이 있어야 하며, 그것과 함께 믿음에 근거한 우리의 올바른 선택과 결정, 그리고 하나님과 예수님을 향한 '믿음의 행위들로 인해' 점점 거룩해진다. 하나님께 영광을 돌리기 위해 믿음으로 시도하고, 하나님의 뜻에 순종하기 위해 믿음으로 행동하며, 예수 그리스도의 가르침대로 살고자 하는 믿음의 노력이 뒤따를 때 거룩해지는 것이다.

이 부분에 대해 J. C. 라일(J. C. Rylr)은 "그리스도를 믿는 믿음은 모든 거룩의 뿌리입니다. 거룩한 삶의 첫걸음은 그리스도를 믿는 것입니다. 믿음을 갖기까지는 한 톨의 거룩도 거둘 수 없습니다. 믿음을 통한 그리스도와의 연합은 거룩한 삶의 시작일 뿐 아니라, 거룩한 삶을 이어가는 비밀입니다."[2]라고 말했다. 그러면서 그는 "성경은 참된 그리스도인은 거룩을 위해서는 믿을 뿐만 아니라 개인적인 노력도 필요하다고 가르칩니다."[3]라고 강조했다.

라일이 말하는 '개인적인 노력'이 바로 믿음으로 선택하고 결정하며, 순종하고 시도하고 행동하는 것이다. 믿음으로 준비하고, 나아가고, 증언하고, 믿음으로 축복하고, 거절하는 등 믿음으로 하는 행위들이 우리를 점차 거룩하게 만든다.

그래서 성경은 '믿으면 다 된다'라고 말하지 않고 하나님을 믿고 예수님을 믿는 자가 '자기 몸을 쳐서 그리스도께 복종시키고'(고전 9:26, 27), '자신을 깨끗하게 하고자'(고후 7:1) 하는 노력, 즉 믿음의 행동을 요구하신다.

우리가 믿는 하나님이 거룩하신 분이시기에 우리도 거룩하기 위해 모든 무거운 것과 얽매이기 쉬운 죄를 벗어 버리고, 인내로써 우리 앞에 당한 경주를 해야 한다(히 12:1)고 '요구하신다'. 하나님의 온전하심같이 우리도 온전하고, 하나님의 자비하심같이 자비하라고 '명령하신다'. 우리가 믿는 바를 따라 이런 선택과 순종, 그리고 노력할 때 점점 거룩하게 변화된다.

하나님이 사랑이듯 우리도 예수 그리스도의 사랑의 법에 순종하고, 예수님께서 자신을 희생하여 우리를 용서하심처럼 우리도 우리에게 죄를 지은 자를 용서할 때 우리의 인격이 예수 그리스도의 신성한 인격으로 변화된다. 원수를 사랑하고 위해서 축복 기도해 줄 때 우리는 더욱 성화되어 간다. 악은 모양이라도 버리면서 예수 그리스도의 가르침에 순종하고 선을 행하며 살 때 점차 거룩해진다.

우리는 거룩하신 하나님을 믿고 날마다 하나님과 예수 그리스도를 닮고자 할 때 거룩하게(sanctify) 된다(행 26:17~18). 그 이유는 믿음으로 올바른 선택을 하고, 거룩한 하나님과 예수 그리스도, 그리고 성령님과 일치되는 행동을 하는 생활을 하기 위해 애쓰기 때문이다.

우리는 모세에게서 자신이 믿는 하나님과 그리스도를 위하여 거룩한 삶을 선택한 것을 본다.

모세는 아름다운 아이였다

모세가 태어날 때, 히브리인 자식들에게는 죽음의 시대였다. 히브리인의 인구가 급격하게 늘어나자 애굽의 바로는 위기감을 느꼈다. 만일 적군이 애굽을 칠 때 히브리인이 적군과 손을 잡는다면 큰 위험에 처할 것으로 판단했기 때문이다. 그래서 바로는 히브리인이 아들을 낳으면 물에 던져 죽이도록 명령했다. 이는 사실상 산아제한 정책을 편 것이다.

공교롭게도 모세가 태어날 때 이 명령이 시행되고 있었다. 따라서 모세의 운명은 태어나자마자 죽을 운명이었다. 인간적인 관점에서 보면 모세는 태어남과 동시에 죽을 운명이었지만, 하나님의 관점에서는 '아름다운 아들'이었다. 사도행전은 "모세가 났는데 하나님 보시기에 아름다운 자라"(행 7:20)고 말한다. 그는 태어나면서부터 하나님에게 기쁨과 즐거움이었다.

그리고 모세의 부모도 모세가 '아름답다'는 사실을 알았다. 히브리서 11:23절은 모세의 부모가 아이의 아름다움을 보았다고 말한다. 여기서 '아름다운 것'은 히브리어로 '토브(טוב)'이고, 헬라어로는 '아스테이오스(ἀστεῖος)'이다. '토브'는 '좋다', '선하다', '아름답다'는 뜻이고, '아스테이오스'는 '고상하다', '훌륭하다', '아름답다'는 뜻이다. 모세의 부모가 본 것은 외모의 출중함일 수도 있지만, 그보다 '하나님이 보시기에 아름다운 자'임을 알았다는 의미이다. 그래서 죽음의 위협 속에서도 왕의 명령을 두려워하지 않고 생명을 지켰다.

모세의 부모는 모세를 숨겨 석 달을 키웠다. 아이가 성장할수록 울음소리도 커졌다. 더 이상 자신들의 손에서 키울 수 없다고 판단되었을 때, 물이 들어오지 않는 바구니에 아이를 담아 나일강에 띄워 보냈다.

하나님의 섭리와 인도는 놀라웠다. 아기 모세가 나일강에 떠내려올 때 마침 그때 애굽의 공주가 나일강으로 목욕하러 와서 우는 아이 모세를 발견한 것이다. 그리고 애굽의 공주도 모세의 '아름다움'을 보고 자기 양자로 삼았다. 또한 하나님의 섭리 속에서 모세의 친모 요게벳이 모세를 양육하게 되었다.

모세는 애굽의 왕자이지만 히브리인으로 성장했다

모세는 애굽 공주의 아들로 40년간 애굽의 궁궐에서 생활했다. 성경은 모세가 애굽 사람의 모든 지혜를 배웠고, 또 그의 말과 하는 일이 능했다고 말한다(행 7:22).

하지만 모세는 '애굽화' 되지 않았다. 그 이유는 그의 어머니 요게벳이 모세를 품에 안고 하나님을 경외하는 말씀을 가르쳤기 때문이다. 더 나아가 모세가 애굽인일 수 없는 결정적 사건이 발생했다. 바로 히브리인이 애굽인에게 학대받을 때 모세가 그것을 참지 못하고 애굽인을 쳐 죽인 사건이다.

출애굽기에서는 이 사건으로 모세가 애굽의 궁궐을 떠나 미디안 광야로 도망갔다고 기록한다. 그러나 히브리서는 "믿음으로 모세는 장성하여 바로의 공주의 아들이라 칭함 받기를 거절하고"(히 11:24)라고 기록한다.

이와 같은 기록의 차이는 모세에 대한 기록이 틀렸다는 것이 아니라 단지 기록의 목적이 서로 다르기 때문이다. 출애굽기는 하나님의 백성을 애굽에서 구원하는 사건을 기록한다. 그러니 모세에 대한 기록도 모세가 하나님의 방법이 아닌 인간적인 방법으로 자기 민족을 구원하려다가 실패한 모습으로 기록한 것이다.

한편, 히브리서 11장은 믿음의 사람들이 어떻게 믿음으로 생활했는지를 기록한다. 그래서 모세가 화려한 애굽의 궁궐도, 고도로 발전한 문화도, 그리고 왕자라는 사회적 지위와 특권도 믿음으로 다 포기하고 오직 하나님만 선택했다고 기록하는 것이다.

모세는 모든 사람이 선망하는 것들, 즉 애굽의 왕실 생활, 궁궐의 안락함, 부귀영화, 사회적 지위와 권세와 권력 등 모든 것을 아무것도 아닌 것처럼 버렸다. 그리고 그는 다른 것을 선택했다. 바로 하나님과 예수 그리스도, 하나님의 백성, 그리고 고난과 수모를 선택했다.

왜 믿음은 우리를 거룩하게 하는가?

앞서 언급했듯이 믿음은 날마다 우리의 삶에서 올바른 것과 거룩한 것을 선택하게 한다. 오직 믿음만이 그러할까? 아니다. 우리의 욕심, 욕망, 비전, 그리고 목표 또한 선택에 작용한다. 하지만 이런 것들이 하나님을 믿는 믿음과 연결되지 않으면 우리는 육신의 정욕과 안목의 정욕, 그리고 이생의 자랑거리들을 선택하게 된다.

그러나 하나님과 예수님을 믿는 믿음과 결부되면, 우리는 세상의 쾌락이나 부귀영화 때문에 목숨을 걸지 않는다. 도리어 하나님과 예수님 때문에 목숨을 걸고, 바르고 선하며 의롭고 거룩한 것을 선택하며, 그것들을 얻고자 썩어지고 없어질 것들을 기꺼이 버린다(빌 3:8). 이처럼 믿음은 우리를 점점 더 성결하고 거룩한 사람으로 변화시킨다. 이는 믿음이 우리 존재의 깊은 곳부터 변화시키는 성화의 여정이며, 우리는 이 여정 속에서 하나님의 거룩한 성품을 닮아간다.

믿음은 세상이 주는 힘을 포기한다

히브리서 11:24절은 "믿음으로 모세는 장성하여 바로의 공주의 아들이라 칭함 받기를 거절하고"라고 말씀한다.

그렇다면 공주의 아들로 불리는 것은 무엇을 의미했을까? 그것은 공주의 아들로서 누릴 수 있는 모든 사회적 지위와 특권과 혜택을 의미한다. 애굽 궁궐과 공주의 아들이라는 이름이 보장해 주는 막강한 힘과 지위, 어쩌면 애굽의 왕이 될 수도 있는 그 모든 것을 가리킨다. 공주의 아들로 불리는 것은 곧 세상이 주는 힘을 상징한다. 마치 절대 반지와 같은 힘 말이다.

대통령 선거 때가 되면 여러 후보가 나타나 자신이 대통령이 되어야 한다고 주장한다. 사람들은 왜 대통령이 되고 싶어 하는가? 그것은 한 나라의 최고 통치자만이 앉을 수 있는 자리, 지위, 그리고 최고 통치자가 누릴 수 있는 막강한 권력과 힘이 얼마나 대단한지 알기 때문이다.

그래서 후보자들은 이것을 얻기 위해 정책을 발표하고

분 단위로 전국을 돌면서 유세한다. 자신이 대통령이 되기 위해 엄청난 인력과 돈을 동원하고 에너지를 쏟아붓는다.

이런 점에서 볼 때 공주의 아들로 불린다는 것은 손 하나 까닥하지 않고도 그가 갖는 특권과 혜택, 그리고 막대한 권력과 힘을 마음껏 사용할 수 있는 중심의 자리를 가진다는 의미다.

공주의 아들이라는 이름이 보장하는 것은 누구나 탐내는 것이요, 갖고 싶어 하는 것이다. 세상에서 최고의 자리에 앉는 것이요 가장 성공한 사람이라는 평판을 받는 이름이다. 사탄도 예수님을 시험할 때, 천하만국의 영광을 보여주면서 "내게 절하면 이 천하만국의 영광과 천하만국을 다스릴 수 있는 권세와 권력을 주겠다."(마 4:8~9)라고 유혹하지 않았는가!

그러나 모세는 공주의 아들이라고 칭함을 받는 것을 거부하고 거절했다. 세상이 주는 절대 반지와 같은 권력과 권세를 거절했다. 그것도 '믿음으로 거절했다.'

왜 거절했는가? 애굽과 바로와 공주는 세상을 상징한다. 그리고 공주의 아들로 불리는 것은 곧 세상이 주는 힘과 권력, 권세를 갖는 것을 의미한다. 세상이 주는 특권이나 특혜, 세상이 주는 모든 정치적인 영향력이나 힘을 상징한다. 모세는 세상이 주는 힘을 가지고 무엇인가를 하기보다 차라리 믿음으로 그것을 포기하고 다른 것을 선택했다.

모세는 공주의 아들이라는 이름 대신에 '하나님의 종'이라는 이름을 선택했다(히 3:5). 모세는 세상이 주는 힘 대신에 하나님의 지팡이를 선택했으며, 하나님이 주시는 권능과 권세를 선택했다. 그는 애굽이라는 세상 대신에 하나님을 선택하고, 애굽 백성 대신에 하나님의 백성을 선택했다.

이처럼 모세는 바로 공주의 아들로 불리는 것을 선택하지 않고 하나님의 종으로 불리는 것을 선택함으로 인하여 그의 인생 방향과 삶의 방식이 달라졌다. 그는 점점 하나님의 사람으로 거룩해져 갔다. 애굽의 사람이 아닌 하나님의 사람으로 변화되었다.

모세가 공주의 아들이라는 이름을 붙들었다면 그는 철저하게 공주의 아들이자 애굽 사람이 되었을 것이다. 그러나 모세는 이것을 '믿음으로 거절하고' 하나님을 선택했다. 그 결과 그는 거룩한 하나님의 종이 되었고, 하나님의 사람이 되었다.

우리는 모세와 비슷한 사례를 신약성경에서 본다. 바로 사도 바울이다. 바울이 다메섹 도상에서 부활하신 예수님을 만나기 전까지 그는 예수님을 하나님의 아들로, 구원자로 믿지 않았다. 그러다가 다메섹 도상에서 십자가에 못 박혀 죽고 무덤에 장사 지낸 예수님이 버젓이 살아서 자기 앞에 나타났다. 부활의 주님을 만난 그는 예수님을 믿지 않을 수 없었다.

이 사건이 있고 난 뒤 바울에게는 큰 변화가 일어났다. 그는 예수님을 믿는 사람들을 잡아다가 감옥에 넣는 것이 하나님을 위한 일이 아닐 뿐만 아니라 큰 죄라는 것을 깨달았다. 그리고 자신을 괜찮은 사람이라고 포장해 주었던 것들, 예를 들면, 태어난 지 팔일 만에 할례를 받은 것, 베냐민 지파 사람이라는 것, 히브리인 중의 히브리인이라는 것, 그리고 율법으로는 바리새파 소속인 것 등(빌 3:3~5)이 아무것도 아니라는 것을 깨달았다.

대신에 예수 그리스도를 아는 지식이 가장 고상한 지식이며, 예수 그리스도의 부활의 권능에 참여하는 것이 가장 영광스러운 것임을 깨달았다(빌 3:10~11). 그래서 바울은 예수 그리스도를 얻고 부활의 권능에 참여하기 위해 믿기 전에 붙들었던 것들을 다 배설물처럼 버리고 예수님만 선택했다.

모세나 바울에게서 보는 바처럼 참된 믿음은 무엇이 진짜이고 가짜인지, 무엇이 영원하고 썩어 없어지는 것인지,

무엇이 영광스러운 것이고 추한 것인지, 무엇이 거룩한 것이고 세상적인 것인지 분별하게 한다. 그래서 참된 믿음을 가진 사람은 세상의 쾌락이나 부귀영화, 세상적인 권력, 세상이 주는 안락함을 미련 없이 버리고 하나님과 예수님을 선택하고 거룩한 삶을 선택한다.

믿음은 잠시 죄악의 낙을 누리는 것보다 거룩한 것을 선택한다

히브리서 11:25절은 "도리어 하나님의 백성과 함께 고난받기를 잠시 죄악의 낙을 누리는 것보다 더 좋아하고"라고 말한다. 이 말씀에서 '고난'과 '잠시 죄악의 낙을 누리는 것'이 대조를 이룬다. 그리고 모세는 '즐거운 낙'보다 '고난'을 더 좋아했다.

잠시 죄악의 낙을 누리기보다 고난을 선택했다

모세는 잠시 죄악의 낙을 누리는 것을 버리고, 하나님의 백성과 함께 고난받는 것을 선택하며 그것을 더 좋아했다.

어느 것이 더 재미있을까? 하나님의 백성과 고난받는 삶과 애굽 궁궐에서 상다리 부러지도록 진수성찬을 먹고 마시며 사는 삶 중 어느 쪽이겠는가? 고난받는 것과 궁궐에서 큰소리치며 사는 것, 하나님의 백성과 함께 울며 밤낮 기도하는 것과 풍악을 울리며 먹고 마시고 춤추는 것 중 어떤 삶이 더 살맛 나고 즐거울까?

재미있는 삶은 애굽의 궁궐 생활이다. 왕자로서의 삶이다. 분명 이런 생활이 즐거움과 기쁨을 준다. 이런 자리는 모두가 부러워하고 원하는 것이다. 궁궐에서 하고 싶은 것을 다 하면서 즐기며 사는 것이 얼마나 좋은가? 사람들이 이런 생활을 추구하지 않는가? 고난을 원하고 갈망하는 사람이 어디 있겠는가?

누구도 고난을 원하지 않는다. 사람들이 원하는 것은 자신이 하고 싶은 일을 하고, 먹고 싶은 것 먹고, 가고 싶은 대로 가면서 사는 것을 원한다. 호의호식하면서 낙을 누리는 것을 원한다. 이렇게 한평생 사는 것이 삶의 목표요 유일한 행복이라고 말하곤 한다.

그러나 모세는 이렇게 생각하지 않았다. '이 즐거움은 죄악에서 비롯되었고, 우리 육체의 욕망을 만족시키며, 나아가 우리의 영혼을 파괴하는 것이다. 이는 의미도 가치도 없는 일시적인 즐거움이다. '잠시' 죄악의 낙을 누리는 허상과 같을 뿐이다. 이런 즐거움은 거룩하지도, 올바르지도 않으며, 영원한 가치도 없다. 죄악의 낙은 우리 자신을 파

멸시킬 뿐이다.'

모세는 이것을 깨달았다. 그래서 영원하지도 않고 죄악에서 비롯된 즐거움을 붙잡으려 하지 않았다. 잠시 낙을 누리는 것보다 잠시 받는 고난을 택했다. 모세는 죄악의 낙을 누릴 바에 차라리 하나님의 백성과 함께 고난받겠다며 그 길을 선택했다.

모세가 믿음으로 고난을 선택했다는 것은 다음과 같다.

첫째, 실제적인 고난을 자처했다는 뜻이다. 하나님의 백성이 받는 고난은 애굽의 출산 억제 정책으로 인하여 수많은 아이가 죽은 것, 애굽의 국고 성을 지으면서 학대받은 것, 더 나아가 애굽 사람들이 히브리인을 학대하는 모든 것을 말한다. 무엇보다 모세가 애굽 사람을 죽이고 자기 동족 히브리인을 구출한 사건을 가리켜 '하나님의 백성과 함께 고난받기를'이라고 말하고 있다.

둘째, 공주의 아들로서 누릴 수 있는 모든 특권과 혜택을 버리고 아무런 특권도 혜택도 심지어 보상도 없는 고난을 택했다는 뜻이다. 즉 믿음으로 사회적 지위의 낮아짐을 선택했다. 왜냐하면 하나님의 백성이 '노예'라는 낮은 위치에 있었기 때문이다.

셋째, 모세가 믿음으로 고난을 택한 것은 '바로 공주의 아들'이 아닌 '하나님의 백성'을 선택했음을 의미한다. 즉 애굽 사람이 아닌 하나님의 백성이 곧 자기 백성이라고 믿음으로 선택했다는 것이다.

하나님의 백성은 이 세상에서 필연적으로 고난을 겪는다. 예수님은 세상이 예수님을 미워하는 것처럼 예수님을 믿는 자들을 미워할 것이라고 말씀하셨다(눅 6:22; 요 15:18~19). 예수님은 자신을 따르는 제자들과 사람들에게 예수님 자신 때문에 핍박을 받는다고 말씀하셨다. 예수님은 십자가에 못 박혀 죽기 전에 "나로 말미암아 너희를 욕하고 박해하고 거짓으로 너희를 거슬러 모든 악한 말을 할 때에는 너희에게 복이 있나니 기뻐하고 즐거워하라. 하늘에서 너희의 상이 큼이라. 너희 전에 있던 선지자들도 이같이 박해하였느니라"(마 5:11~12) 하고 제자들의 마음을 준비시켰다.

사도 바울은 디모데에게 "무릇 그리스도 예수 안에서 경건하게 살고자 하는 자는 박해를 받으리라"(딤후 3:12)라고 말했다. 그리고 루스드라와 이고니온과 안디옥에 있는 제자들에게도 "우리가 하나님의 나라에 들어가려면 많은 환난을 겪어야 할 것이라"(행 14:22)라고 권면했다.

사람은 죄를 지으면 고난을 받는다. 그러나 이런 고난은 자랑할 것이 없다. 오히려 부끄러워해야 한다. 자신이 지은 죄에 대한 징벌이기 때문이다.

하지만 불의하지도 않았고, 잘못하지도 않았는데 악한 사람에게 이유 없이 고난을 겪기도 한다. 더러는 선을 행하다가도 고난을 받고, 의를 행하다가도 고난을 받는다. 이런 고난은 부끄러운 것이 아니라 매우 아름다운 것이다(벧전 2:19).

우리가 하나님의 백성이라는 사실 때문에, 혹은 예수 그리스도를 믿는다는 이유로 고난을 받는 경우도 많다. 세상이 예수님을 미워하고 하나님을 싫어하기 때문에 예수의 사람인 우리도 미워한다. 그럴지라도 우리는 모세처럼 하나님과 예수님 때문에 고난받는 것을 자랑스럽게 생각하고, 잠시 죄악의 낙을 누리는 것보다 하나님의 백성과 함께 고난받는 것을 '더 좋아하며' 기뻐해야 할 것이다. 사도 바울은 로마서 8:17~18절에서 그 이유를 이렇게 설명했다.

> 자녀이면 또한 상속자 곧 하나님의 상속자요 그리스도와 함께 한 상속자니, 우리가 그와 함께 영광을 받기 위하여 고난도 함께 받아야 할 것이니라. 생각하건대 현재의 고난은 장차 우리에게 나타날 영광과 비교할 수 없도다.

우리는 하나님의 자녀다. 그리고 하나님의 아들 예수 그리스도와 함께한 하나님의 상속자다. 우리는 예수 그리스도와 함께 영광을 받을 것이다. 그래서 고난도 함께 받는 것이다.

믿음으로 더 좋아했다

모세는 '믿음으로 하나님의 백성과 함께 고난받는 것을 더 좋아했다.' 좋아하는 것도 '믿음으로 더 좋아했다.' 좋아서 좋은 것이 있다. 기분이 좋아서, 감정이 좋아서, 느낌이 좋아서, 함께 있는 사람이 좋아서 좋은 것이 있다. 또 나를 좋게 해줘서 좋은 것이 있다. 내가 편안하고 안락해서 좋고, 마음이 흡족해서 좋은 것이 있다.

그런데 고난은 우리를 편안하고 안락하게 해 주는 것이 아니다. 고난은 우리에게 굉장히 불편한 것이고 고통스러운 것이다. 모세는 이런 고난을 어떻게 바라보았는가? 고난에 어떻게 반응했는가? "믿음으로 더 좋아했다."

빌립보서를 보면 사도 바울이 로마의 감옥에 갇힌 자기 경험을 이야기한다. 감옥 생활은 자유가 없다. 감옥 생활은 차꼬를 차고 벌을 받는 곳이다. 습하고 지저분하고 온갖 난폭한 죄인들이 득실대는 곳이다. 인권이 보장받지 못한다. 폭력이 일상인 곳이다.

그런데 사도 바울은 이런 감옥 생활을 하면서 분노하거나 우울하거나 슬퍼하거나, 혹은 좌절하지 않고 오히려 크게 기뻐했다.

그러면서 사도 바울은 빌립보 성도들에게 "나는 기뻐하고 또한 기뻐하리라"(빌 1:18). "만일 너희 믿음의 제물과 섬김 위에 내가 나를 전제로 드릴지라도 나는 기뻐하고 너희 무리와 함께 기뻐하리니 이와 같이 너희도 기뻐하고 나와 함께 기뻐하라"(빌 2:17~18)라고 말했다. 그리고 "주 안에서 항상 기뻐하라. 내가 다시 말하노니 기뻐하라"(빌 4:4)라고 권면했다. 사도 바울은 환경과 상황을 초월하여 기뻐하면서 빌립보 교회 성도들에게 "너희도 기뻐하라"라고 권면했다.

감옥이 기쁜 곳인가? 매일 흥미진진한 곳인가? 지루하지 않도록 연극이나 영화를 보여주고, 개그를 해 주고, 유명 인사가 와서 매일 특강도 해주고, 즐길 거리를 만들어 주는 곳인가? 아니다. 감옥은 하루는 물론 한 시간도 있고 싶지 않은 곳이다.

그렇지만 사도 바울은 이런 감옥에서 기쁨을 선택했다. '좋게 보는 것, 좋아하는 것을 선택했다.' 환경과 상황을 초월해서 좋게 보고 기뻐할 수 있게끔 작용한 것이 믿음이

다. 모세가 그랬던 것처럼 '믿음으로 더 좋아했다.'

당신은 당신이 섬기는 교회를 어떻게 보는가? "우리 교회의 역사가 30년이 넘고 40년이 다 되어 가는데 부흥은 안 되고 교회가 이래서 되겠어?"라고 말하고 불평할 수 있다. 그러나 '믿음으로 좋은 교회로 보는 것'도 가능하다.

우리의 가정도 마찬가지다. 한평생 죽어라 일했어도 방 한 칸 마련하지 못하고, 아이들 뒷바라지도 제대로 해주지 못해 죄책감마저 들 수 있다. 형제들과 만나도 얼굴을 들지 못할 때가 많을 수도 있다. 이런 상황일지라도 '믿음으로 우리 집은 좋다'고 보는 것이다. '우리 집처럼 좋은 집, 행복한 집이 어디에 있나!' 하고 말하면서 믿음으로 좋게 보아라.

우리에게는 선택할 자유가 있다. 선과 악, 옳은 것과 그른 것, 좋은 것과 나쁜 것을 선택할 수 있다. 당신은 어떤 것을 선택하겠는가?

모세는 '좋다'는 것을 선택했다. 분명 고난은 고난이며, 힘들고 불행한 것이다. 고난은 겪지 않는 것이 좋고, 싫으며 지긋지긋한 것이다. 이는 엄연한 사실이다. 그렇지만 모세는 고난을 나쁘게만 보지 않았다. 그는 자신이 하나님의 백성과 함께 고난받는 것이라면, 하나님을 위한 것이라

면 고난도 좋은 것으로 여겼다. 모세는 '믿음으로 그렇게 보았고, 고난받는 것을 믿음으로 더 좋아했다.'

모세는 이렇게 '믿음으로' 보면서 선택하고 결정하며 나아갔다. 그랬더니 모세는 점점 하나님을 닮아가고 예수님을 닮아갔다. 잠시 죄악의 낙을 누리는 것을 더 좋아했다면 죄짓고 사탄을 닮아갔겠지만, 하나님의 백성과 함께 고난받는 것을 더 좋아하고 그것을 선택하고 행동함으로 하나님을 닮아서 점점 더 신성한 인격의 사람이 되었다.

우리는 하루에도 수백수천 가지 상황에 직면하며 선택하고 결정해야 한다. 바라고 원하던 일이 일어날 수도 있고, 절대로 일어나지 않기를 바라던 일이 벌어질 수도 있다. 심지어 한 번도 예상하지 못했던 최악의 상황이 닥치기도 한다.

이때 우리에게 필요한 것은 '무엇을 보느냐'이다. 무엇을 보느냐에 따라 삶의 방향이 달라질 수 있기 때문이다.

이것보다 더 중요한 것은 '어떻게 보느냐'이다. 일어난 일, 사건, 상황을 부정적으로 보면 우리 속에서 부정적인 결과가 나타나고, 긍정적으로 보면 긍정적인 결과가 나타난다. 그래서 어떻게 보느냐가 중요하다. 모세는 하나님의 백성과 함께 고난받기를 더 좋게 본 것처럼 말이다.

그런데 여기서 제일 중요한 것은 '어떻게 반응하느냐'이다. 우리의 사고방식과 행동은 우리의 눈이 보는 것을 따라간다. 그렇지만, 어떻게 보느냐에 따라 자동으로 사고하고 따라가는 행동을 바꿀 수 있다. 그리고 어떻게 반응할 것인지를 결정하고 행동함으로 본능에 충실한 삶이 아닌, 새로운 삶을 살 수 있다. 반응을 선택하고 행동함으로 품위를 유지할 수 있고 하나님의 거룩하심을 닮아갈 수 있다. 그렇기 때문에 '어떻게 보느냐'와 '어떻게 반응하느냐'가 정말 중요하다.

예를 들면, 세상에 갈등 없는 교회가 있는가? 안타깝게도 그런 교회는 없다. 갈등 없는 교회는 하늘나라에나 있다. 지상에 있는 교회는 어느 교회나 그 내부에 크고 작은 문제가 있다. 큰 교회에도 갈등이 있고 가족같이 작은 교회에도 갈등이 있다. 멋진 프로그램으로 가득 찬 교회도 갈등이 있고 예배 중심의 교회에도 갈등은 있기 마련이다. 심지어 아무것도 하지 않는 교회도 갈등이 있다. 죄인 된 사람이 갈등의 원인이기 때문에 사람이 모인 곳은 반드시 갈등이 있기 마련이다.

문제는 무엇인가? 갈등 그 자체가 문제일 수 있다. 하지만 더 중요한 것은 이미 발생한 갈등을 어떻게 보느냐, 그리고 그 갈등 상황에서 내가 어떻게 반응하느냐 하는 것이다. 갈등 상황을 보는 관점과 반응에 따라 자신과 자신이 속한 교회 공동체를 천국으로 또는 지옥으로 만들 수 있다.

모세는 선택의 갈림길에 섰을 때 잠시 죄악의 낙을 누리는 것보다는 하나님의 백성과 함께 고난받는 것이 더 좋다고 보았다. 그리고 믿음으로 하나님의 백성과 고난받는 것을 선택하고 행동했다. 그렇게 자신의 인생을 만들어 갔다. 그랬더니 점점 하나님을 닮아가고 거룩해졌다.

믿음은 세상의 보화보다 그리스도를 위한 수모를 선택한다

히브리서 11:26절 말씀에도 대조가 나타난다. 바로 '수모'와 '보화'이다.

> 그리스도를 위하여 받는 수모를 애굽의 모든 보화보다 더 큰 재물로 여겼으니 이는 상 주심을 바라봄이라.

사람들이 추구하는 것은 보화와 재물이다. 부귀영화다. 보화로 할 수 있는 일들이 참 많다. 그래서 사람들은 재물을 모으려고 애를 쓴다. 밤낮을 가리지 않고 일하고 돈이 되는 것이라면 겁 없이 덤벼들어 일한다. 심지어 나쁜 방법까지 동원하는 사람도 있다.

하지만 모세는 애굽의 모든 보화를 거절했다. 왕자로서 누릴 수 있는 부귀영화를 포기했다. 평생 고생하지 않고도 먹고살 수 있는 재물을 버렸고, 원한다면 무엇이든지 할 수 있는 보화를 내려놓았다. 대신에 모세는 '수모'를 선택했다. 단순한 수모가 아니라 '그리스도를 위한 수모'였다.

모세는 예수 그리스도를 직접, 대면해서 보지 못했다. 다만 멀리서 바라봤을 뿐이다. 아브라함이 하나님의 도성을 멀리서 바라본 것처럼 모세도 오실 그리스도를 멀리서 바라봤다.

그리고 자신이 당하는 모든 수모를 '그리스도를 위한 것'으로 여겼다. 애굽에서 하나님의 백성이 겪는 수모와 출애굽 과정에서 모세가 겪는 수모, 그리고 광야 40년 동안 하나님의 백성을 인도하면서 겪는 모든 수모를 그리스도를 위한 것으로 받아들였다.

이러한 수모가 애굽의 모든 보화와 비견될 수 없는 이유는 '그리스도를 위함'이기 때문이다. 그리스도를 뺀 수모는 아무런 의미도 가치도 없다. 수모가 보물보다 더 가치가 있는 경우는 오직 '그리스도를 위한 수모'일 때뿐이다.

모세는 비교해 봤을 것이다. 애굽의 모든 재물과 그리스도를 위하여 받는 수모 중 어느 것이 더 큰 재물인가 하고 비교해 봤을 것이다. 이런 비교를 한 후 모세는 믿음으로 깨달았다. 어떤 것이 더 큰 재물이냐고 했을 때 애굽의 모든 보화를 다 가져와도 그리스도를 위한 수모와는 비교할 수 없다는 것을 말이다.

그래서 모세는 그리스도를 위하여 받는 수모를 애굽의 모든 보화보다 '더 큰 재물로 여겼다.' 그리스도를 위하여 받는 수모가 가장 큰 재물이고 가장 가치 있으며 가장 귀중하다고 여겼다.

많은 사람이 모세처럼 비교해 볼 것이다. 세상의 재물과 예수 그리스도를 위해 수모를 당하는 것 중 어떤 것이 더 큰 보물이고 재물인가 하고 말이다. 이때 믿음이 없는 대부분의 사람은 그리스도를 위하여 받는 수모는 단지 '수모'일 뿐이라고 말할 것이고, 세상의 재물은 '보물'이라고 할 것이다. 그들은 여기에 덧붙여 "왜 보화와 재물을 놔두고 수모를 당하려고 하느냐? 참으로 어리석다!"라고 말할 것이다. 이처럼 반응하는 것은 그들에게 하나님과 예수님을 믿는 참된 믿음이 없기 때문이다. 믿음 없이는 올바로

7. 믿음은 믿는 자를 거룩하게 만든다　171

보고, 생각하며, 판단할 수 없다. 그러나 믿음을 가진 사람은 믿음의 시선으로 보고, 생각하며, 판단한다. 모세가 세상의 모든 보화보다 예수 그리스도를 위하여 받는 수모와 고난이 훨씬 더 큰 재물이라고 깨달은 것처럼 말이다.

이유는 세상의 재물이나 보화보다 예수 그리스도가 자신의 진짜 보물이기 때문이다. 그래서 자신의 보물인 예수 그리스도를 위해 수모나 모욕, 고난을 받는다면 그것처럼 영광스러운 것이 없다고 생각한다. 모세 역시 마찬가지로 예수 그리스도를 위하여 받는 수모가 가장 큰 재물이라고 여겼기 때문에 애굽의 모든 보화를 포기한 것이다.

모세가 이렇게 할 수밖에 없었던 또 다른 이유는 '상 주심을 바라봤기' 때문이다. 여기서 말하는 '상 주시는 분'은 하나님이시다(히 11:6). 하나님은 믿음으로 선택하고 행동하는 사람에게 그의 믿음의 행위에 합당한 상을 주시는 분이시다. 모세는 하나님이 자신에게 그렇게 '상 주실 것을 바라봤다.'

모세가 본 것은 애굽의 모든 보화가 아니다. 그는 예수 그리스도를 보았고 하나님을 보았다. 예수 그리스도의 수모를 보았고 하나님이 주시는 상을 보았다. 그리고 이것이 진짜 가치가 있고, 보물이며, 영원하다는 것을 알았다. 그래서 그는 믿음으로 애굽의 모든 보화를 거절하고 예수 그리스도를 위하여 받는 수모를 선택한 것이다.

당신은 모세처럼 할 수 있겠는가? 당신은 어떤 것을 더 가치 있고 귀한 것으로 생각하는가? 세상의 재물과 부귀영화인가, 아니면 그리스도를 위하여 겪는 수모인가? 당신이 포기할 수 있는 것은 무엇이고, 포기할 수 없는 것은 무엇인가? 또 그런 결정과 행동을 하고자 할 때 당신 안에서 가장 크게 작용하는 가치 판단의 기준은 무엇인가?

모세는 애굽의 모든 보화를 포기했다. 그의 행위는 믿음에 근거한 행위이다. 모세는 그리스도를 위하여 수모를 받는 것을 선택했다. 하나님을 선택했다. 그의 믿음이 예수 그리스도와 하나님을 더 큰 재물로 여기게 했기 때문이다.

모세에게서 배우는 것은 이것이다. 그는 세상이 주는 힘보다 하나님이 주시는 힘을 선택했다. 잠시 죄악의 낙을 누리는 것보다 하나님의 백성과 함께 고난받는 것을 선택했다. 세상의 보화보다 예수 그리스도를 위하여 수모를 받는 것을 더 큰 재물로 여겼다. 모세는 이 모든 것을 '믿음에 근거해서 선택했고, 믿음으로 행동했다.'

믿음은 무엇이 가치 있고, 무엇이 의미 있으며, 무엇이 거룩한 것인지를 분별하게 해 준다. 무엇을 선택하고 무엇을 버려야 할지 알게 해 준다. 믿음은 세상의 인정을 받는 것보다 하나님의 인정을 받는 것을 선택하게 한다. 믿음은 세상에서 부귀영화를 누리는 것보다 하나님과 하나님의 백성들이 영광 받는 것을, 그리고 그리스도가 영광 받는 것을 선택하게 한다.

믿음으로 이런 선택을 할 때 우리는 점점 더 예수 그리스도를 닮아가게 된다. 예수님을 본받아 가면서 '예수 같은 사람'으로 거룩해지는 것이다.

믿음은 무서워하지 않고 참게 한다

> 믿음으로 애굽을 떠나 왕의 노함을 무서워하지 아니하고 곧 보이지 아니하는 자를 보는 것 같이 하여 참았으며(히 11:27).

이 말씀은 모세가 '떠났다'는 것과 '참았다'는 두 가지 사실을 말한다. 모세는 믿음으로 애굽을 떠났고, 또 참았다.

모세는 왕의 노함을 무서워하지 않고 애굽을 떠났다. 모세가 애굽을 떠난 일은 두 번 있었다. 첫 번째는 동족 히브리인을 구하기 위해 애굽인을 죽인 일이 발각되었을 때 미디안 광야로 도망친 경우다(출 2:14~15). 이때는 사람을 죽였기에 애굽 왕의 노함을 두려워해서 떠난 것이다.

모세가 두 번째로 애굽을 떠난 일은 하나님의 백성을 이끌고 하나님이 지시하는 땅으로 갈 때, 즉 출애굽할 때였다. 이때 모세는 백성의 지도자이자 인도자였다. 모세가 두 번째로 애굽을 떠날 때는 왕의 노함을 무서워하지 않았다. 애굽 왕에게 '우리 동족을 보내주십시오. 하나님이 지정한 산에서 예배드리겠습니다'라고 당당하고 담대하게 요구했다.

모세가 애굽 왕에게 이런 말을 했을 때, 애굽 왕은 어떠했던가? 인자하게 허락했던가? 아니다. 그는 대단히 노했고 모세의 요구를 거절했다. 심지어 더 심하게 노동을 시켰으며, 온갖 이유를 대면서 분노하고 거절했다.

그러나 모세는 흔들리지 않았다. 모세는 왕이 분노하고 협박하는 것, 권력과 권세로 강압적인 힘을 행사하는 것을 두려워하지 않았다.

또한 그는 모든 것을 참았다. 왕의 회유, 거짓 약속, 온갖 속임수도 참았다. 힘이 없어서 참은 것이 아니라 '믿음으로 참았다.'

코로나19가 전 세계로 확산할 때 교회는 물론이고 소상공인들에게 온갖 행정조치들이 내려졌다. 특히 '삼밀 금지' 즉, 밀폐, 밀집, 밀접을 금지하였다. 이러한 행정 명령이 사회 전반에 내려졌다. 교회는 예배는 물론이고 기도회도나 성경 공부도 할 수 없었다. 성도들끼리 교제도, 친교 모임도, 어떤 행사도 할 수 없었다.

소상공인들의 경우는 영업하지 못하고 문을 닫아야 했고, 어떤 경우는 영업시간을 제한했다. 물론 교회당이나 상인들이 운영하는 상점에 모일 수 있는 인원을 제한하는 명령도 내려졌다. 모든 사람이 불편하고 힘들었다. 그렇지만 모두가 참았다.

어떤 사람은 힘이 없어서 참았다. 그렇지만 힘이 없어서 참거나 그냥 참는 것은 아무 의미가 없다. 믿음으로 참아야 의미가 있다.

그렇다면 모세는 어떤 믿음, 무엇을 믿는 믿음으로 참았는가? 모세의 이와 같은 인내는 어디에서 비롯되었는가? 애굽 왕 앞에서 보인 모세의 담대함은 어디서 온 것인가?

곧 보이지 아니하는 자를 보는 것같이 하여 참았으며

'보이지 아니하는 자'는 바로 하나님이시다. 모세는 눈에 보이지 않는 하나님을 보았기 때문에 참은 것이 아니라 보이지 아니한 하나님을 '보는 것같이 하여 참았다.' 하나님을 본 것처럼, 자신이 하나님을 대면하고 있는 것처럼, 하나님 앞에 서 있는 것처럼 그렇게 참았다.

우리도 그렇다. 우리가 믿는 하나님은 우리 눈에 보이지 않는다(롬 1:20; 골 1:15; 딤전 1:17). 부활하신 예수님도 하나님의 보좌 우편에 계시기에 보이지 않는다. 하나님의 영이신 성령님도 보이지 않는다. 그러나 삼위 하나님이 '계신다'는 것을 믿는다.

이런 믿음을 가진 우리는 살면서 더러 억울한 일을 당하기도 한다. 크게 손해를 볼 때도 있다. 서럽고 슬픈 일도 겪는다. 그러나 참는다. 위협을 당하기도 하고 협박받기도 한다. 무서운 일을 겪기도 한다. 이때도 참는다.

화낼 줄 몰라서 화를 내지 않는 것이 아니다. 두렵거나 무서워서 가만히 있는 것도 아니다. 우리가 하나님 앞에 있기 때문에, 하나님의 영광과 명예를 위해 참는 것이다.

질병에 걸리기도 하고 생활고에 시달리기도 한다. 이때도 참는다. 왜냐하면 우리 눈에는 보이지 않지만, 하나님을 보고 있는 것처럼 믿고 생활하기 때문이다.

우리 눈에는 하나님이 보이지 않지만, 마치 하나님을 보고 있는 것처럼, 하나님 앞에 서 있는 것처럼, 그리고 하나님께서도 우리를 보고 있는 것처럼 여기며 참는다. 억울한 일이 반복되어도 '믿음으로 참고, 믿음으로 참으며, 또 믿음으로 참는다.' 이것이 믿음이다.

모세의 믿음은 보이지 아니하는 하나님을 마치 보는 것처럼 하여 참는 믿음이다. 눈에 보이지 않기 때문에 못 믿겠다가 아니라, 보이지 않아도 우리 앞에 계신 것처럼, 우리의 일거수일투족을 모두 보시는 것으로 여기고 참는다. 우리의 행위와 심중의 모든 것을 보시고, 우리의 처지와 당하는 것을 다 보고 계신 것처럼 여기고 참는다. 모세는 이렇게 하나님을 보는 것처럼 참아서 더욱 거룩해졌다.

세상은 우리에게 절대적인 힘을 줄 것처럼 유혹한다. 세상의 모든 보화가 우리 것이 될 수 있다고 유혹한다. 온갖 회유책을 쓰면서 세상 편에 서라고, 하나님이 아닌 세상을 따르라고 요구한다. 만일 이것이 통하지 않으면 온갖 방법으로 협박하고 위협한다.

이럴 때 모세처럼 믿음으로 하나님의 백성과 고난받는 것을 선택하고, 또 예수 그리스도를 위해 수모받는 것을 선택해야 한다. 모세처럼 믿음으로 행동하며 참아야 한다.

하나님을 보는 것처럼 믿음으로 참으면 된다.

하나님은 사람들이 회개하고 구원받기를 천년이 하루 같고, 하루가 천년 같게 참으신다(벧후 3:9). 우리 또한 하나님처럼 참고 또 참는다. 예수 그리스도께서 자기 백성, 곧 우리를 구원하기 위해 온갖 수모와 모욕을 당하고, 회유와 협박을 당하고, 고난을 겪고, 마침내 십자가에 못 박혀 죽음에 이르렀을 때에도 끝까지 참으신 것처럼(히 12:2) 그렇게 참으면 된다.

우리가 이렇게 믿음으로 참고 또 참으면 믿음의 사람이 된다. 예수님처럼 참고 인내하면 예수 그리스도와 같은 사람이 된다. 매일 믿음으로 선택하고 결정하며 행동하면 하나님처럼 거룩한 사람이 된다. 보이지 않는 하나님을 보는 것같이 하여 참으면 모세처럼 날마다 거룩해진다. 불의한 일을 당해도, 억울한 일을 당해도, 믿음으로 참으면 하나님처럼 신성해지고 예수 그리스도를 닮는 사람이 된다.

나는 약점과 단점이 많은 사람이다. 그중에서도 참는 것을 잘 못한다. 어쩌면 당신도 나와 같을지 모르겠다. 그렇지만, 하나님의 말씀을 묵상하면서 '모세는 믿음으로 참았지, 예수님도 믿음으로 참았지, 나도 믿음으로 참아야지' 하고 참는다면 변하게 될 것이다. 이런 과정을 반복하면 우리는 점점 더 거룩해지고 성숙한 하나님의 사람으로 빚어질 것이다.

믿음은 땅에 살지만, 하나님의 세상을 살게 한다

히브리서 11:27a와 11:29a를 보면 "믿음으로 애굽을 떠나 … 믿음으로 그들은 홍해를 육지같이 건넜으나"라고 말씀한다. 이는 모세와 하나님의 백성들이 믿음으로 애굽을 떠났고 믿음으로 홍해를 건너갔다는 것이다.

이 말씀은 매우 흥미롭다. 애굽을 떠난 것은 애굽의 지배에서 벗어난 것이요, 홍해를 건넌 것은 애굽의 힘과 영향력에서 벗어났다는 뜻이다. 성경은 이 사건을 '출애굽', 즉 '애굽에서 탈출하다'라고 표현한다. 다시 말해 애굽과 완전히 결별했다는 뜻이다.

성경은 이스라엘 백성이 '애굽을 떠나 홍해를 건넌' 사건을 매우 중요하게 다룬다. 특히 하나님은 하나님의 백성이 다시 애굽으로 내려가는 것을 엄격하게 금하고 있다 (신 17:16; 렘 42:19). 이는 하나님이 애굽에서 종살이하던 백성을 탈출시켜 자유 시민이 되게 했기 때문이다.

따라서 애굽으로 내려가는 것은 다시금 옛 생활, 즉 종살이의 삶으로 돌아가는 것이며, 또 하나님이 구원하신 일을 무효로 만드는 일이 된다. 그러므로 하나님은 절대로 애굽으로 돌아가지 말라고 엄히 명령하셨고, 심지어 애굽에 도움을 구하는 것까지 엄격하게 금하셨다(사 31:1~3).

우리 역시 애굽으로 상징되는 세상을 '정신적으로' 떠날 필요가 있다. 세상이 줄 수 있는 온갖 혜택으로부터 떠날 필요가 있다. 아브라함이 갈대아 우르, 즉 본토 친척 아버지 집으로부터 받을 수 있는 온갖 혜택을 뒤로하고 하나님이 지시하시는 땅으로 갔던 것처럼 말이다. 모세가 온갖 특권과 혜택, 제공되는 힘과 권력을 누릴 수 있는 애굽을 떠나 하나님이 지시하신 곳으로 가기 위해 홍해를 건넌 것처럼, 세상이 주는 혜택에서 떠나야 한다.

예수 그리스도를 믿고 신앙생활을 하면 분명하게 나타나야 하는 것이 하나 있다. 그것은 '나는 이 세상에 살지만, 이 세상에 속한 사람이 아니다. 이 세상에 살고 있지만, 이 세상을 떠나 하나님의 세상을 사는 사람이다'라는 '출세상' 의식이다. 출애굽과 같은 출세상 의식, 세상의 관점이 아닌 하나님의 관점으로 보는 변화, 세상이 아닌 하나님께 속한 자기 정체성이 우리 속에 있어야 한다.

애굽을 떠나 홍해를 건넌 출애굽 사건이 모세와 이스라

엘 백성들만의 사건으로 끝나면 안 된다. '출애굽'이라는 이 역사적인 사건이 우리 개인의 출애굽 사건, 다시 말해 '출세상'의 사건이 되어야 한다. 그렇지 않으면 우리는 세상이 주는 권력과 권세, 재물의 힘, 안락함의 힘, 죄악으로 누리는 즐거움 쪽으로 자꾸만 쏠린다.

우리는 반드시 세상이 주는 것으로부터 떠나고 결별을 상징하는 홍해를 건너야 한다. 세상의 가치와 의미와 결별해야 한다. 그래야 비로소 갈등하지 않고, 담담하게 '하나님의 세상'을 살 수 있다.

세상이 주는 온갖 좋은 것들로부터 떠나는 정신적, 심리적, 영적 출애굽을 해야 한다. 홍해로 상징되는 엄청난 죽음의 바다를 건너야 한다. 그래야 다시 세상으로 돌아가지 않고 '하나님 나라의 삶'을 살 수 있다.

이것을 가능하게 만드는 것이 무엇인가? 바로 '믿음'이다. '믿음으로 애굽을 떠나 … 믿음으로 그들은 홍해를 육지같이 건넜다.' 믿음이 출애굽 사건을 우리 개인의 사건으로 만들고, 십자가에서 죽으신 예수 그리스도의 죽음을 그분과 연합한 우리의 죽음으로 받아들이게 한다.

그리고 우리는 세상이 우리를 유혹할 때마다 믿음으로 선택하고, 믿음으로 결정하고, 믿음으로 행동하는 이 과정이 주님 오시는 그날까지 우리에게 있어야 한다.

믿음은 믿는 자를 거룩하게 만든다. 하지만 단순히 믿기만 하면 거룩해지지 않는다. 믿음으로 선택하고 결정하며 행동할 때 점점 더 성화된다. 믿음으로 거절하고, 고난받고, 더 좋아하며, 수모를 당하고, 참고, 떠나고 건너는 삶을 매일 살 때 거룩해진다. 모든 것을 믿음으로 할 때, 우리의 믿음은 성장하고, 동시에 점점 더 거룩한 사람이 된다.

그러므로 이렇게 결심하라. "나는 매일 믿음으로 '출세상' 하겠다. 나는 매일 믿음으로 홍해를 건너 다시는 세상으로 되돌아가지 않겠다. 나는 매일 홍해를 건너 하나님의 세상으로 나아가겠다. 나는 매일 믿음으로 하나님 나라의 삶을 살겠다." 결심하고 결단하고 행동함으로 믿음이 가져오는 거룩한 삶의 열매를 경험하기를 바란다.

믿음은 새로운 삶의 방식을 만든다

히브리서 11:28절에서 "믿음으로 유월절과 피 뿌리는 예식을 정하였으니 이는 장자를 멸하는 자로 그들을 건드리지 않게 하려 한 것이며"라고 말씀한다.

'정하였으니'라는 말에서 모세가 하나님의 말씀에 순종

했다는 것을 알 수 있다. 모세는 하나님의 지시대로 유월절과 피 뿌리는 예식을 정했다. 이것 역시 믿음으로 한 순종이다. 사실 유월절을 제정하라는 이유나 피를 문설주와 좌우 인방에 바르라는 것이 이해된다 할지라도, 믿음이 없으면 순종할 수 없다.

출애굽 당시 하나님께서 유월절과 피 뿌리는 예식을 정하라는 목적은 다음과 같다.

첫째, 생명을 보호하기 위함이다. '장자를 멸하는 자로 하여금 하나님의 백성을 건드리지 않게 하려 함이다.' 장자를 죽이는 여호와의 사자가 피가 있는 집은 죽이지 않고 유월, 즉 넘어갔다. 그래서 하나님의 명령에 순종한 하나님의 백성들의 장자는 모두 살았다.

둘째, 심판하기 위함이다. 그 심판은 죽음이다. 피 뿌리는 예식을 행하지 않은 사람들, 즉 애굽 사람들은 죽음의 사자가 집집마다 들어가서 장자를 모조리 죽여버렸다.

홍해 사건도 마찬가지다. 믿음으로 홍해를 건넌 사람은 살 수 있었지만, 믿음이 없이, 즉 하나님을 시험하는 자들은 모두 하나님의 심판을 받아 홍해에 수장되고 말았다.

유월절과 피 뿌리는 예식을 정했을 때 사느냐 죽느냐는 믿음으로 순종하느냐 믿지 않고 불순종하느냐로 판가름

났다. 하나님께서 하나님의 백성들과 장자를 구원하시고, 애굽의 장자와 군인들을 멸하실 때 믿음으로 드러난 순종을 보신 것이다

출애굽 후, '유월절과 피 뿌리는 예식을 정하여' 그것을 지키는 것이 시사하는 바는 하나님의 구원 활동을 기억하고 기념하는 것이다. 그리고 믿음을 가진 자들의 새로운 삶의 법칙이자 삶의 방식을 의미한다.

세상에 속한 사람들은 세상의 삶의 방식으로 산다. 그러나 애굽을 떠나고 홍해를 건넌 사람, 곧 구원을 받은 사람은 세상 방식이 아닌, 하나님이 제정하신 삶의 방식으로 산다. 다시 말해 하나님의 법을 지키고, 하나님이 정하신 예식을 행하며, 하나님이 말씀하신 대로 산다. 하나님은 애굽에서 탈출한 하나님의 백성들에게 이것을 철저하게 요구하셨고, 또 광야 40년 동안 혹독하게 훈련했다.

> 너를 낮추시며 너를 주리게 하시며 또 너도 알지 못하며 네 조상들도 알지 못하던 만나를 네게 먹이신 것은 사람이 떡으로만 사는 것이 아니요 여호와의 입에서 나오는 모든 말씀으로 사는 줄을 네가 알게 하려 하심이니라(신 8:3).

하나님을 믿는 사람은 세상 방식으로 사는 것이 아니라 하나님의 입에서 나온 말씀으로 사는 사람이다. 당신은 이 사실을 매우 중요하게 생각하고 마음 판에 새겨야 한다. 그리고 하나님의 입에서 나온 말씀으로 살아야 한다.

예수님을 믿는 당신은 하나님의 백성이다. 자꾸만 세상 방식을 쫓아가지 말라. 그것은 당신의 삶의 방식이 아니다. 당신은 매일 하나님의 말씀으로 사는 법을 연습하고 또 실천해서 마침내 터득해야 한다. 그것이 당신이 이 세상에서 '하나님의 세상'을 사는 삶의 방식이기 때문이다. 그러면 당신을 점점 더 거룩한 하나님의 사람으로 성화될 것이다.

모세가 하나님의 명령대로 유월절을 정하고 하나님이 말씀하신 대로 살았을 때 그가 어떤 사람이 되었는가? 그는 애굽 사람이 되거나 세상 사람과 똑같은 사람이 되지 않았다. 오히려 그들과 다른 사람, 즉 세상 사람들과는 구별된 사람, 하나님처럼 신성한 사람, 거룩한 사람이 되었다.

모세만 그런 것이 아니다. 우리들도 마찬가지다. 모세처럼 믿음으로 바로의 공주의 아들로 칭함 받기를 거절하고, 하나님의 사람, 예수의 사람으로 칭함 받기를 원한다면, 세상 사람과 달라지기 시작할 것이다. 모세가 잠시 죄악의 낙을 누리기보다 하나님의 백성과 함께 고난받는 것을 믿음으로 더 좋아한 것처럼, 우리도 믿음으로 죄악의 낙을 멀리하고 하나님의 백성과 함께 시간을 보내고 고난도 함께 받는다면, 세상 사람과 다른 모습이 될 것이다. 모세가 믿음으로 애굽의 모든 보화를 거절하고 예수 그리스도를 위하여 수모받는 것을 더 큰 재물로 여긴 것처럼, 우리도 믿음으로 세상 재물보다 예수 그리스도를 위하는 일을 더 큰 재물로 여기며 산다면, 세상 사람과 다른 사람, 예수님 같은 사람이 될 것이다.

모세가 믿음으로 애굽 왕의 노함을 무서워하지 않고 하나님을 더 경외하며, 보이지 아니하는 하나님을 보는 것처럼 행동한 것같이, 우리도 믿음으로 하나님을 경외하면서 하나님 앞에서 살면, 점점 더 거룩한 사람이 될 것이다. 믿음으로 하나님의 법을 지키고 하나님의 입에서 나온 말씀대로 살면, 신성한 사람이 되고 예수님 같은 사람이 되는 것이다. 이것이 바로 '믿음은 믿는 자를 거룩하게 만든다', '믿음은 믿는 자를 점점 더 성화 되게 한다'는 말이다.

8.
믿음은 우리를 구원받게 한다

베드로전서 1:8-9

왜 하나님을 믿고 예수님을 믿는가? 여러 가지 이유와 목적이 있을 수 있다. 그중에 가장 중요한 것은 믿음은 인간의 죄 문제를 해결하고, 영원한 죽음에서 생명으로 옮겨지게 하는 유일한 길이라는 것이다. 우리가 이 사실을 알기 위해서는 먼저 우리가 어떤 사람인지를 알아야 한다.

우리는 죄인이다

인정하기 싫지만, 사람은 누구나 죄인이다. 사람이 창조된 처음부터 죄인은 아니었다. 인류의 시조인 아담과 하와가 창조되었을 때는 하나님 보시기에 심히 좋았다. 창조된 인간의 모습도, 인간 속에 있는 본성도, 성격과 성질도 모두 하나님 보시기에 심히 좋았다. 아담과 하와가 하는 모든 일과 행위도 하나님 보시기에 심히 좋았다. 모든 것이 하나님께서 뜻하신 대로 완벽하게 진행되었다.

그러나 아담과 하와가 하나님의 명령에 불순종하고 선과 악을 알게 하는 나무의 열매를 따 먹는 순간, 산산이 부서졌다. 그 순간, 죄와 사망이 세상에 들어왔다. 아담과 하와는 물론이고 그들 속에 있는 '모든 씨'(미래 인류)까지 하나님께 불순종함으로 모든 인류가 죄인이 되고 사망이 모든 사람에게 이르렀다(롬 5:12). 선악과를 따먹는 단 한 번의 불순종으로 엄청난 결과를 초래하게 되었다.

죄가 세상에 들어오고 사람을 죄인으로 만들었다. 그리고 그 죄의 영향력과 세력, 죄로 인한 결과는 무서울 정도로 심각했다.

자연계의 모든 질서와 생산 질서가 파괴되거나 변형되었다. 땅이 가시와 엉겅퀴를 냄으로 사람이 땀을 흘려야 먹을 수 있게 되었다.

사람은 영원히 살 수 있는 생명을 상실하고 반드시 죽는 존재가 되었다(창 2:17). 인간의 지성, 감정, 의지는 전적으로 타락하고 부패해졌다. 그래서 마음에 생각하는 것이나 행동하는 모든 것이 항상 악하였다(창 6:5).

8. 믿음은 우리를 구원받게 한다

또 사망이 모든 사람 위에 왕 노릇하게 되었다(롬 5:17). 모든 사람은 죄의 종이 되어 죄의 굴레에서 벗어날 수 없게 되었다.

사도 바울은 죄가 사람에게 미친 결과에 대해 시편의 말씀을 인용하여 이렇게 증언한다.

> 의인은 없나니 하나도 없으며 깨닫는 자도 없고 하나님을 찾는 자도 없고 다 치우쳐 함께 무익하게 되고 선을 행하는 자는 없나니 하나도 없도다. 그들의 목구멍은 열린 무덤이요 그 혀로는 속임을 일삼으며 그 입술에는 독사의 독이 있고 그 입에는 저주와 악독이 가득하고 그 발은 피 흘리는 데 빠른지라. 파멸과 고생이 그 길에 있어 평강의 길을 알지 못하였고 그들의 눈 앞에 하나님을 두려워함이 없느니라(롬 3:10~18, 참조 시 14:1~3, 5:9, 140:3, 10:7, 사 59:7이하).

이 말씀처럼 사람은 '전적으로 타락'하고 '완전히 부패'했다. 또 전 인류 가운데 의인은 단 한 사람도 찾을 수 없으며, 우리 모두가 '죄인'이라는 이름으로 이 세상을 살고 있다. 이 사실을 인정하는 것에서부터 우리의 구원이 시작된다.

죄인에게 하나님의 심판이 예정되어 있다

죄가 세상에 들어온 후로 사람들은 끊임없이 죄를 짓고, 죄를 재생산했다. 하나님은 이렇게 죄를 생산하고 또 재생산하는 죄인을 향하여 인내하고 참으셨다. 죄를 억제하고 죄를 짓지 않기를 바라고 또 바라셨다. 그런데도 죄인들은 계속해서 죄를 생산했다.

더 이상 참을 수 없는 지경에 이르셨을 때, 하나님은 죄의 결과가 무엇인지 친히 보여주셨다. 그것은 바로 심판이다. 하나님은 노아시대에 물로써 죄인으로 가득한 세상을 심판하셨다. 이러한 죄에 대한 심판, 죄인에 대한 심판은 하나님이 본성적으로 행하시는 일이다. 왜냐하면 하나님은 완전히 의로우신 분이기 때문이다.

그럼에도 불구하고 하나님은 자비로우신 분이시다. 하나님은 노아의 가족을 살리셔서 세상을 새롭게 시작하셨다. 그의 후손들이 새로운 인류가 되게 하셨다. 지금의 인류는 아담의 후손이면서 동시에 노아의 후손이 번성하여 형성된 새로운 인류이다.

그러나 홍수의 심판에서 구원받은 노아의 가족도, 그 수가 늘어나면서 여전히 죄의 본성을 버리지 못했다. 죄인을 향한 하나님의 무시무시한 심판을 알고도 죄를 범하는 것을 중단하지 못했다. 그 이유는 사람이 죄로 인하여 본성까지 전적으로 타락하고 부패했기 때문이다. 그래서 홍수에서 구원받은 사람들의 후손들도 여전히 죄인이었고, 죄를 생산하고 또 재생산했다.

홍수 후 번성한 인류가 '새로운 인류'라고 불렸지만, 본성적인 죄악 앞에서는 새로울 것이 없었다. 인류는 번성하고 전 세계로 확산했지만, 여전히 죄인이었고, 지금도 사람이 사는 땅에 죄를 충만하게 쌓고 있다.

죄가 강력한 전염성으로 사람과 사람 사이를 파고들고 모든 사람이 죄를 범할 때, 하나님은 사람들에게 무엇이 죄이고, 또 죄를 지으면 어떻게 되는지를 알려주는 하나님의 법(율법)을 주셨다. 하나님의 법은 죄인을 만들려고 주신 것이 아니라 죄가 무엇인지 드러내고, 죄를 짓지 않도록 하기 위해 주셨다.

그렇지만 사람들은 하나님의 법을 통해 무엇이 죄인지, 죄를 지으면 어떻게 되는지를 알면서도 의지적으로 죄를 지었다(롬 1:32). 하나님의 법을 알고도 죄를 짓고, 모르고도 죄를 지었다. 인류는 시간이 경과하고 시대에서 시대로 지나가면서 끊임없이 죄를 재생산했다. 그래서 또다시 인간이 사는 세상에 죄로 가득 차게 했다.

하나님은 소돔과 고모라 성을 멸망시키고, 고라신과 벳새다에 심판을 경고하셨듯이, 하나님의 법에 근거해서 죄인과 죄로 가득한 세상을 심판하실 것이다. 한 나라의 흥망성쇠를 자연법칙에 맡기지 않고 하나님께서 친히 주재하시면서 그 땅에 사는 백성과 왕의 행위를 따라 심판하시듯 모든 죄인을 심판하실 것이다.

히브리서 9장 27절은 이 엄중한 사실을 분명히 선포한다. "한 번 죽는 것은 사람에게 정해진 것이요 그 후에는 심판이 있으리니." 하나님께서 죄인에게 정하신 두 가지는 바로 이것이다. 하나는 '반드시 죽는다는 것'이고, 다른 하나는 '그 후에 심판이 있다는 것'이다. 베드로전서 1장 17절과 요한계시록 20장 13절은 하나님께서 각 사람이 행한 대로 보응하시는 분이심을 강조한다. 따라서 인간은 살아서 행한 것에 대한 보응을 살아서도 받을 뿐만 아니라, 죽어서도 받는다.

죄인은 개인적으로 하나님의 심판을 받지만, 죄인들이 사는 세상 또한 하나님의 최종적인 심판을 피할 수 없다. 그 이유는 죄인들이 살면서 계속해서 죄를 생산하고, 하나님이 창조한 땅에 그 죄들을 가득 쌓기 때문이다. 베드로후서 3:7절 말씀처럼, 하나님은 정한 때가 되면 '죄인'과 죄악으로 관영한 '세상'을 하나님의 불로 심판하실 것이다. 심판하시는 그때와 시간은 오직 하나님만 아시지만, 이것이 바로 죄악 된세상과 타락한 인류의 피할 수 없는 운명이다.

하나님은 죄인이 구원받기를 원하신다

하나님은 죄인을 심판하고 멸망시키는 것을 즐기지 않는다. 하나님은 죄인을 징계하고 학대하며 고난과 시련 속에서 허덕이는 것을 보면서 즐거워하시는 분이 결코 아니다. '사디스트'처럼 잔혹함을 즐기는 존재가 아니다.

에스겔서 18:23절과 32절은 하나님께서 악인이 죽는 것이나 마땅히 죽어야 할 자가 죽는 것을 기뻐하지 않으시며, 오히려 죄인이 악한 길에서 돌이켜 회개하고 구원받는 것을 더 기뻐하신다고 말씀한다.

> 주 여호와의 말씀이니라. 내가 어찌 악인이 죽는 것을 조금인들 기뻐하랴? 그가 돌이켜 그 길에서 떠나 사는 것을 어찌 기뻐하지 아니하겠느냐(겔 18:23)?

주 여호와의 말씀이니라. 죽을 자가 죽는 것도 내가 기뻐하지 아니하노니 너희는 스스로 돌이키고 살지니라(겔 18:32).

너는 그들에게 말하라. 주 여호와의 말씀이니라. 나의 삶을 두고 맹세하노니 나는 악인이 죽는 것을 기뻐하지 아니하고 악인이 그의 길에서 돌이켜 떠나 사는 것을 기뻐하노라. 이스라엘 족속아, 돌이키고 돌이키라. 너희 악한 길에서 떠나라. 어찌 죽고자 하느냐 하셨다 하라(겔 33:11).

이 말씀들은 하나님께서 악인이 죽는 것보다 그가 죄의 길에서 돌이켜 사는 것을 기뻐하신다는 것을 증언한다. 하나님은 죄인이 회개하기를 오랫동안 기다리신다. 베드로후서 3:8~9절의 말씀처럼, '주께서는 하루가 천 년 같고 천 년이 하루 같이' 인내로 참으신다.

그리고 죄인 한 사람이 회개하면 회개할 것이 없는 의인 아흔아홉 명을 인하여 기뻐하는 것보다 더 크게 기뻐하신다(눅 15:7). 디모데전서 2:4절은 하나님께서 "모든 사람이 구원을 받으며 진리를 아는데 이르기를 원하신다"고 한다.

이 말씀은 심판과 멸망이 하나님의 최종 목표가 아님은 물론이고, 죄인들의 회개와 하나님의 구원 의지가 얼마나 크고 간절한지 극명하게 보여준다. 하나님의 마음은 언제나 잃어버린 자녀들이 돌아오기를 간절히 바라시는 사랑의 아버지의 마음이다.

하나님은 죄인이 구원받을 수 있는 길을 주셨다

죄인이 구원받기를 간절히 원하시는 하나님은 그들을 위한 구원받을 방법을 친히 마련하셨다. 그 방법은 피로써 죄 사함을 받는 것이다.

> 율법을 따라 거의 모든 물건이 피로써 정결하게 되나니 피 흘림이 없은즉 사함이 없느니라(히 9:22).

여기서 '피 흘림'이란, 자기 생명을 바치는 행위를 의미한다. 죄의 대가는 오직 죄를 지은 자의 생명(피)으로만 갚을 수 있다. 만일 누군가가 다른 사람의 죗값을 대신 갚고자 한다면, 죄 없는 자의 생명으로 그 대가를 대신 지급해야 한다.

하지만 모든 사람이 죄를 범했고, 모든 사람이 전적으로 타락하고 부패했으므로 인류 가운데서는 그 누구도 자기 생명으로 자신이나 다른 사람의 죄를 용서받게 할 수 없다. 모든 인간은 죄인이고 죄 아래에 있기 때문이다.

이러한 인간의 한계를 아시는 하나님은 죄 없는 자가 출현할 때까지 임시방편으로 사용할 수 있는 방법을 마련해 주셨다. 그것은 흠 없는 짐승의 피(생명)로 죄 용서를 받는 방법이다. 이것이 구약 성경 레위기 4장에 기록된 속죄제사, 속건제사, 그리고 화목제사이다. 또한 레위기 16장에 기록된 '대속죄일', 즉 유대인의 달력으로 매년 7월 10일에 하나님의 백성 전체의 죄를 속하기 위해 드리는 속죄의 제사도 여기에 해당한다.

하지만 짐승의 피로 죄 용서받는 방법은 죄인의 죄가 완전히, 그리고 영원히 용서받는 방법이 아니다. 이것은 그저 일시적으로, 잠시 잠깐 죄를 덮어두는 임시 방편일 뿐이다. 그렇기에 대제사장을 통해 죄 용서받는 속죄의 제사를 매년 대 속죄일에 드려야만 했다(히 10:1~4, 11).

이렇게 임시방편으로 죄 용서를 받던 인류에게, 마침내 하나님께서 죄 없는 완전한 분을 보내주셨다. 그분이 바로 하나님의 아들 예수 그리스도이시다.

예수님은 인간적인 방법으로 출생하지 않으셨다. 성령으로 잉태되어 출생하셨기에 아담으로부터 물려받은 원죄가 없다. 흠도 티도 없으신(벧전 1:19) 예수님은 하나님께서 택하시고, 자기를 믿는 자들을 위해 자기 생명을 십자가에서 대신 주셨다. 예수 그리스도는 죄를 위하여 자기 생명을 단번에 주셨으며, 또한 영원한 제사를 드리셨다. 그리하여 단 한 번의 제사로 죄인들의 모든 죄를 사하시며, 영원히 온전하게 하셨다(히 10:11~14).

하나님은 예수님께서 대신 죗값을 치르신 그날 이후로, 그를 믿고 의지하는 사람들의 죄와 그들의 불법을 영원히 용서하시고 다시는 기억하지 아니하셨다. 결과적으로 예수님의 대속의 속죄 제사로 말미암아 예수님을 믿는 자들의 모든 죄가 용서받았으며, 그 죄 사함의 효력이 영원하므로 다시는 죄를 위하여 반복적인 제사드릴 것이 없게 되었다(히 10:18).

따라서 하나님께서 죄인을 구원하고자 마련하신 유일한 구원 방법은 예수 그리스도를 통하는 것이다. 예수님께서도 "내가 곧 길이요 진리요 생명이니 나로 말미암지 않고는 아버지께로 올 자가 없느니라"(요 14:6)라고 친히 말씀하셨다.

사도행전 4:12절과 로마서 3:25절 말씀은 이 진리를 더욱 분명하게 한다.

다른 이로써는 구원을 받을 수 없나니 천하 사람 중에 구원을 받을 만한 다른 이름을 우리에게 주신 일이 없음이라 하였더라(행 4:12).

이 예수를 하나님이 그의 피로써 믿음으로 말미암는 화목제물로 세우셨으니 이는 하나님께서 길이 참으시는 중에 전에 지은 죄를 간과하심으로 자기의 의로우심을 나타내려 하심이니(롬 3:25).

핵심은 하나님께서 죄인에게 제시해 주신 구원의 방법은 바로 예수 그리스도를 믿고 의지하는 것이다. 에베소서 2:8, 로마서 3:22, 갈라디아서 2:16, 3:14, 22, 26절의 말씀처럼, 하나님께서 '죄인이 예수 그리스도를 믿음으로 구원받도록 정하셨기 때문'이다. 사도행전 5:31절은 이스라엘에도 회개함과 죄 사함을 주시려고 예수 그리스도를 높이셔서 임금과 구주로 삼으셨다고 증언한다.

그러므로 누구든지 주의 이름을 부르는 자는 구원을 받는다(롬 10:13). 예수님을 영접하는 자 곧 그 이름을 믿는 자에게 하나님의 자녀가 되는 권세를 주신다(요 1:12). 이것이 죄인을 구원하는 하나님의 유일하고 완전한 방법이다.

예수님을 믿으면 구원받는다

죄인이 죄 용서받는 길, 죄의 책임에서 벗어나고 죄의 형벌에서 벗어나는 길은 예수 그리스도를 자신의 구원자로 믿을 때뿐이다. 모든 사람은 죗값으로 심판을 받아야 한다. 그러나 그 심판을 피하고, 사망에서 생명으로 옮겨지는 길은 오직 예수 그리스도를 믿는 믿음뿐이다. 하나님과의 관계를 단절시키는 죄를 없애고 하나님과 화목할 수 있는 방법은 예수님을 믿는 것뿐이다.

그 이유는 하나님께서 예수 그리스도를 믿음으로 말미암아 죄 용서를 받고 하나님과 화목할 수 있도록 정하셨기 때문이다. 예수 그리스도는 우리를 하나님과 화목하게 하는 화목제물이시다.

> 이 예수를 하나님이 그의 피로써 믿음으로 말미암는 화목제물로 세우셨으니 이는 하나님께서 길이 참으시는 중에 전에 지은 죄를 간과하심으로 자기의 의로우심을 나타내려 하심이니(롬 3:25).

이 말씀에는 죄인이 구원받는 중요한 원리가 들어있다.

그것은 믿음의 원리다. '믿음으로 말미암는 화목제물'이라는 말을 주목하라. 예수님은 하나님이 세우신 화목제물이다. 다시 말하면 죄를 용서받고 하나님과 화목한 관계로 만들어 주는 화목제물이다.

그런데 화목제물이신 예수님은 친히 자기 피를 흘려 주셨다. 우리는 이런 예수님을 믿을 때 그 믿음으로 말미암아 죄 용서도 받고 하나님과 화목하게 된다. 하나님께서 그렇게 정하셨기 때문이다.

이 믿음의 원리를 더 잘 이해하기 위해, 우리는 갈라디아서 3:22~27절 말씀도 볼 필요가 있다.

> 그러나 성경이 모든 것을 죄 아래에 가두었으니 이는 예수 그리스도를 믿음으로 말미암는 약속을 믿는 자들에게 주려 함이라. 믿음이 오기 전에 우리는 율법 아래에 매인 바 되고 계시될 믿음의 때까지 갇혔느니라. 이같이 율법이 우리를 그리스도께로 인도하는 초등교사가 되어 우리로 하여금 믿음으로 말미암아 의롭다 함을 얻게 하려 함이라. 믿음이 온 후로는 우리가 초등교사 아래에 있지 아니하도다. 너희가 다 믿음으로 말미암아 그리스도 예수 안에서 하나님의 아들이 되었으니 누구든지 그리스도와 합하기 위하여 세례

를 받은 자는 그리스도로 옷 입었느니라(갈 3:22~27).

이 말씀에서 우리가 주목해야 하는 것은 '믿음이 오기 전'이라는 말과 '믿음이 온 후로'라는 말이다. 예수 그리스도께서 이 땅에 오기 전에는 율법이 정한 방법으로 죄 사함을 받았다. 다시 말하면 짐승의 피로 속죄함을 받는 방법이다.

하지만 예수님이 오신 후로는 짐승의 피가 아닌 예수님의 피로, 그리고 예수님을 믿는 믿음으로 죄 사함을 받는다. 예수 그리스도를 믿음으로 말미암아 의롭다 함을 얻고, 구원을 받으며 하나님의 자녀가 된다.

성경에서 예수님을 믿는다는 것은 예수님을 자기 구세주로 영접한다는 뜻이다. 예수님을 자신의 구원자로 받아들이고 모시며 산다는 뜻이다.

따라서 부활하신 예수님은 이렇게 자신을 영접하는 자 속에서 그의 구원자가 되어 주신다. 예수님은 자신을 영접한 자에게 자기 피로 죄 사함을 얻게 하시고, 영원히 그 사람의 구원자가 되셔서, 죄와 죄의 책임과 죄의 형벌에서, 그리고 죄의 세력과 죄의 영향력에서까지 완전히 구원하신다.

하나님께서 예수님을 그리스도로, 곧 구원자로 믿는 자를 구원하신다고 할 때, 그 '구원'의 의미는 단순히 죄 사함만을 뜻하지 않는다. 그 뜻은 매우 깊고 광범위하다. 하나님은 우리의 '영혼을 구원'하고(벧전 1:9), 우리의 죽을 '몸도 구원'하신다(롬 8:11; 고전 6:14). 하나님은 우리를 죄의 책임과 '형벌에서 구원'하고, '죄의 세력과 영향력에서도 구원'하셔서 완전히 죄와 결별하게 하신다. 그리고 하나님과의 '원수 관계를 청산'하고 '화목한 관계'가 된다. 더 이상 죄인이라고 하지 않고 '의롭다'고 하신다.

그리고 우리를 억압하고 속박하는 모든 것으로부터 우리를 '해방'할 뿐만 아니라 우리를 '새로운 피조물'로 '다시 태어나게 하신다.' 그렇게 변화된 우리를 하나님은 '자신의 백성'으로 삼으시고, '자녀'로, 또 '상속자'로 삼아 주신다. 그래서 우리에게 하나님의 나라를 상속하게 하신다.

뿐만 아니라 하나님은 우리의 왕으로서 우리를 통치하시며 우리를 영원히 '책임져 주신다.' 여기서 한 걸음 더 나아가 우리를 예수 그리스도와 함께 하나님의 보좌 우편에 앉게 하시며 우리 주 예수 그리스도와 더불어 세세토록 '왕 노릇'하게 해 주신다(계 11:15, 22:5). 우리는 이 땅에서도 하나님이 주시는 평화와 평안을 누리며 살 뿐만 아니라 만일 우리가 죽어도 영원히 살게 하시고 모든 수고를 그치고 하나님 나라에서 '안식'하게 하신다.

지금까지 언급한 진리는 모두 '구원'이라는 범주에 포함된다. 하지만 구원이 의미하는 바는 이것이 전부가 아니다. 지금까지 언급한 것보다 훨씬 더 많은 것들이 있다. '미리 정하심', '택하시고' '예정하심', '부르심', '영화롭게 하심', 성령을 주심, 성령으로 충만하게 하심, 성령을 따라 행함 등도 구원의 범주에 들어간다. 그러므로 우리는 예수님을 자신의 구원자로 믿어야 하고 또 끝까지 믿어야 할 것이다.

우리가 예수님을 믿고 하나님을 믿는 목표가 무엇인가? 우리가 예수님을 믿는 '목표 중의 하나'는 우리 영혼의 구원이다(벧전 1:9). 그리고 우리의 몸도 다시 살아나는 것이다. 욕되고 병들고 약한 몸으로 다시 살아나는 것이 아니라 썩지 아니할 몸, 강한 몸, 영광스러운 몸, 신령한 몸으로 다시 살아나는 것이다(고전 15:42~44). 따라서 어떤 상황에서도 믿음이 흔들리지 않고 견고하게 예수 그리스도를 믿으면, 우리의 몸과 영혼이 구원받게 될 것이다.

어떤가? 당신은 하나님 앞에서 자신이 죄인이라는 사실을 인정하는가? 당신은 죄와 죄의 형벌에서 구원받을 필요성을 느끼는가? 그리고 하나님께서 세우신 예수 그리스도만이 유일한 구원 방법이라고 인정하는가? 그렇다면, 당신은 어떻게 하겠는가? 심판이 예정되어 있고, 또 그 심판에서 벗어날 구원의 방법이 제시되었는데, 당신은 어떻게 하겠는가? 예수님을 믿는다는 것은 단순한 종교 행위가 아니다. 그것은 자신의 죄와 절망에서 돌이켜, 하나님이 준비하신 유일한 구원의 길을 받아들이는 삶의 전환이다. 당신은 이 길 위에 서 있는가? 그러므로 오늘, 예수 그리스도를 당신의 구원자로 믿고 의지하며, 이 구원의 소식을 이웃에게 전하기를 바란다.

"누구든지 주의 이름을 부르는 자는 구원을 받으리라"(롬 10:13)라는 진리와, "주 예수를 믿으라. 그리하면 너와 네 집이 구원을 받으리라"(행 16:31)는 하나님의 약속은 지금도 유효하다. 그러므로 우리가 사랑하는 사람들에게 기쁜 소식을 전해서 함께 구원받기를 바란다.

9.
믿음은 우리를 새롭게 한다

요한일서 3:9

인간 사회의 수많은 문제는 과거에도 있었고, 지금도 있으며, 앞으로도 계속될 것이다. 이 모든 문제의 중심에는 '사람'이 있다. 사람은 죄를 끊임없이 생산하는 죄인이다. 그 이유는 타락한 본성 때문이다.

하나님은 예레미야 17:9~10절에서 이렇게 말씀하신다.

> 만물보다 거짓되고 심히 부패한 것은 마음이라. 누가 능히 이를 알리요마는, 나 여호와는 심장을 살피며 폐부를 시험하고 각각 그의 행위와 그의 행실대로 보응하나니

이 말씀은 두 가지 중요한 사실을 보여준다. 첫째는 사

람의 마음, 즉 본성이 어떤 피조물보다도 거짓되고 심히 부패했다는 것이다. 둘째는 사람의 모든 행위는 그의 마음, 다시 말해 본성으로부터 비롯된다는 것이다. 결국 인간 사회의 모든 문제는 인간 본성의 부패에서 시작되며, 근본적인 해결책은 이 본성이 새로워지는 데 있음을 시사한다.

사람의 본성이 새로워져야 문제가 해결된다

사람의 본성이 근본적으로 새로워지지 않으면, 인간 사회의 문제들은 결코 해결될 수 없다. 다시 말해, 죄를 생산하는 일을 멈추고 새로운 사람이 되지 않는 한, 문제 해결은 불가능하다.

국가의 문제, 사회의 문제는 곧 사람에게서 비롯된다. 이것은 인류가 경험적으로 인정하는 바이다. 인류 역사를 통틀어 우리는 인간의 본성이 얼마나 심히 부패했는지를 깨달아 왔다. 그리고 이 부패한 본성으로부터 그릇된 것들, 악한 것들, 즉 개인과 공동체, 사회와 나라에 온갖 문제를 일으키는 것들이 나온다는 사실을 알게 되었다.

그래서 어떻게 해서든지 인간의 부패한 본성에서 비롯

되는 문제를 해결해 보려고 노력했다. 그러한 방법 가운데 하나는 교육이고, 또 훈련(수련)이다. 수년 동안 학교에서 교육받게 함으로, 혹은 일정 기간 훈련받게 함으로 문제의 근본을 해결하려고 했다. 실제로 교육과 훈련은 어느 정도 효과가 있었다. 개인의 행동이나 생활은 물론이고 사회와 국가에도 좋은 변화를 불러오기도 했다.

하지만, 이 방법이 어느 정도 효과는 있었지만, 근본적인 해결책은 되지 못했다. 이유는 인간 본성 자체가 개선되거나 변화되거나 새로워지지 않았기 때문이다. 좋아지는가 싶다가도 어떤 동기, 어떤 자극을 받으면 부패하고 거짓된 본성이 드러났다. 결론은 인간의 부패하고 거짓된 본성은 교육과 훈련으로 새로워지지 않는다는 것이다. 어느 정도는 길들일 수 있을지 모르지만, 자극이 가해지면 거침없이 그 부패한 본성이 드러난다.

인간 본성의 한계를 극명하게 보여주는 사례가 있다. 2021. 05. 23일 영국 신문사 데일리 메일(Daily Mail)에 따르면 러시아 노보시비르스크 인근 모쉬코바 지역의 한 서커스 공연장에서 일어난 사고를 보도했다. 이 보도에 따르면 사자들이 공연을 하던 중 조련사 타머 막심 오를로브가 한눈을 파는 사이 암사자 한 마리가 조련사를 공격했고 조련

사는 손과 발에 중상을 입었다고 한다.[1]

　이것보다 앞선 2016. 12. 01일자 데일리 메일(Daily Mail)에는 알렉산드리아에서 막대기를 들고 사자 쇼를 진행하던 35세의 조련사 이슬람 샤힌(Islam Shaheen)이 공연 도중 갑자기 달려드는 사자에게 목이 물려 숨졌다고 보도하기도 했다.[2]

　우리는 사자나 호랑이 곰 등을 야수라고 한다. 그리고 '야성'을 일컬어 자연 그대로의 거친 성질, 즉 본성을 일컫는 말로 사용한다. 이러한 야성은 아무리 훈련을 통해서 길들이려고 해도 완전히 길들여지지 않는다. 훈련된 것처럼 보이다가도, 앞선 사례들처럼 언제든지 돌발적인 행동이나 본래의 야성이 나타날 수 있다. 그리고 끔찍한 일이 벌어질 수 있다.

　요점은 이것이다. 사람의 본성이 변하지 않으면 아무것도 변하지 않는다. 본성이 새로워질 때 비로소 모든 것이 새로워질 수 있다. 이것이 하나님께서 말씀하시는 바이다.

하나님께서 본성을 새롭게 할 방도를 마련하셨다

　하나님께서 친히 사람의 부패한 본성이 새로워질 수 있는 특별한 방도를 마련하셨다. 그것은 바로 다시 태어나는 것, 즉 거듭나는 것이다. 요한복음 3:4~7절에는 예수님과 유대인의 지도자 니고데모가 나눈 의미심장한 대화가 기록되어 있다.

"사람이 늙으면 어떻게 태어날 수 있습니까? 두 번째 모태에 들어갔다가 다시 태어날 수 있습니까?" 니고데모가 예수님께 물었다.

"진실로 진실로 네게 이르노니 사람이 물과 성령으로 태어나지 아니하면 하나님의 나라에 들어갈 수 없느니라. 육으로 난 것은 육이요 영으로 난 것은 영이니 내가 네게 거듭나야겠다는 말을 놀랍게 여기지 말라." 예수님께서 대답하셨다.

이 대화의 핵심은 사람이 물과 성령으로 다시 태어나야 한다는 것이다. 사람은 두 번 태어나야 하나님의 나라에 들어간다. 육으로 한 번 태어나고 또 영으로 한 번 더 태어나야 한다. 영적으로 다시 태어나지 않으면, 여전히 타락한 본성, 자연 그대로의 거친 성질, 곧 '야성'만 가지고 살아간다.

예수님은 육에서 나온 것은 육이요 영에서 나온 것은 영이라고 하셨다(요 3:6). 다시 말해 영으로 한 번 더 태어나야 심히 거짓되고 부패한 본성에서 새로운 본성, 즉 하나님 나라에 들어갈 수 있는 본성을 갖게 된다는 말씀이다.

사도 요한은 요한복음 1:12~13절에서 사람이 어떻게 다시 태어나는지 설명한다.

> 영접하는 자 곧 그 이름을 믿는 자들에게는 하나님의 자녀가 되는 권세를 주셨으니 이는 혈통으로나 육정으로나 사람의 뜻으로 나지 아니하고 오직 하나님께로부터 난 자들이니라.

예수님을 영접한 사람, 다시 말하면 예수님을 믿는 사람은 성부 하나님께로부터 태어난다. '하나님께로부터 난다'는 표현은 "하나님의 신적 행위를 가리킨다. 다름 아닌 하나님의 권능으로 말미암아 중생한다."[3]고 해석한다. '혈통과 육정으로', 혹은 인간적인 방법으로 다시 태어나는 것이 아니라 하나님에게서, 하나님의 방법으로 다시 한번 더 태어난다.

베드로는 다시 태어나는 것에 대해 이렇게 설명했다.

> 너희가 거듭난 것은 썩어질 씨로 된 것이 아니요 썩지 아니할 씨로 된 것이니 살아 있고 항상 있는 하나님의 말씀으로

되었느니라(벧전 1:23).

베드로의 설명에 따르면, 우리는 썩지 아니할 씨, 즉 살아 있고 항상 있는 하나님의 말씀으로 거듭난다. 여기서 '살아 있고 항상 있는 하나님의 말씀'은 음성으로써의 말씀을 말하는 것이 아니다. 이것은 성육신하신 하나님의 말씀을 말한다. 즉 예수 그리스도를 가리키는 말이다(벧전 1:21; 요 1:1, 14; 히 7:25).

예수님은 태초부터 하나님과 함께 계신 말씀이었는데 그 말씀이 성육신하셨다. 그리고 자기 백성을 대속하기 위해 십자가에서 죽으셨다. 그리고 사흘 만에 죽은 자 가운데서 다시 살아나셔서 영원히 죽지 않고 항상 살아 있는 자가 되었다. 그래서 예수님은 살아 있고 항상 있는 하나님의 말씀이다. 다른 말로 표현하면 '복음'이다(벧전 1:25). 사람은 복음의 핵심이 되는 예수 그리스도를 믿음으로 말미암아 다시 태어난다.

정리하면, 사람은 물과 성령으로, 하나님에 의해서, 그리고 예수 그리스도를 믿음으로 말미암아 다시 태어난다. 이러한 거듭남은 전적으로 신적 사역의 결과이다.

우리가 하는 일은 예수님을 믿는 것뿐이다. 그리고 예수 그리스도를 믿으면, 삼위 하나님에 의해서 새 사람이 된다. "누구든지 그리스도 안에 있으면 새로운 피조물이라. 이전 것은 지나갔으니 보라 새것이 되었도다"(고후 5:17)라고 말한 그대로 된다. 하나님에 의해서 그의 모든 것이 새롭게 재창조되기 때문이다. 모든 문제의 근원이 되는 부패한 본성이 새롭게 창조되어 새로운 피조물이 된다. 사도 요한도 동일한 말을 한다.

> 하나님께로부터 난 자마다 죄를 짓지 아니하나니 이는 하나님의 씨가 그의 속에 거함이요 그도 범죄 하지 못하는 것은 하나님께로부터 났음이라(요일 3:9).

여기서 말하는 '하나님의 씨'는 믿는 자 안에서 역사하는 신적 권능[4], 하나님의 생명[5]이다. 이는 또한 하나님의 의의 본성[6]이라고도 말한다. 삼위 하나님의 능력과 생명으로 다시 태어난 사람은 본성이 새롭게 된다. 믿는 자 속에서 하나님의 생명과 권능이 역사하기 때문이다. 그리고 하나님의 권능이 그를 새로운 피조물이 되도록 새롭게 창조한다.

본성이 변하면 모든 것이 변한다

하나님의 능력과 생명으로 다시 태어난 사람은 '새 사람', 즉 모든 면에서 새롭게 변화된 사람이다. 어떤 부분이 새롭게 되었는지 몇 가지만 살펴보자.

지식까지 새롭게 된다

먼저 하나님의 권능으로 다시 태어나면 우리는 하나님의 형상을 따라 지식에까지 새롭게 하심을 받는다.

> 새 사람을 입었으니 이는 자기를 창조하신 이의 형상을 따라 지식에까지 새롭게 하심을 입은 자니라(골 3:10).

예수님을 믿으면 기존에 갖고 있던 지식이 새롭게 된다는 말이다. 우리가 생각하는 것이나 알고 있는 기존의 지식이 재조정된다. 우리가 '선'이라고 말하는 것도, 옳고 바르다고 하는 '의'도, '진리'라고 하는 것도, '거룩'이라고 하는 것도 모두 다 하나님을 따라(엡 4:24) 새롭게 바뀐다. 기존에 가지고 있던 '정직'과 '진실함', 그리고 '사랑' 등 모든 개념이 하나님의 기준으로 새로워지고, 하나님의 진실함,

하나님의 사랑을 갖게 된다. 심지어 우리가 이미 갖고 있는 '지식'에까지 새롭게 된다. 하나님과 완전히 똑같을 수는 없지만, 하나님의 형상을 따라 모든 것이 새로워진다. 그래서 새로운 개념, 새로운 기준, 즉 하나님이 말씀하시는 개념과 기준을 갖게 된다. 하나님의 온전하심 같이 우리도 온전해지는 방향으로 나아간다.

당신의 세계관, 가치관, 인생관이 새로워진다

다시 태어나면 우리의 본성, 곧 지·정·의, 그리고 생각하고 행동하는 모든 것이 새롭게 변한다. 특히 우리의 세계관과 가치관과 인생관이 변한다. 다시 말해, 세상을 보는 관점이 변한다. 거듭나기 전에는 육의 눈으로만 보던 것을 다시 태어난 후로는 '하나님의 관점'으로 보게 된다. 거듭나기 전에는 자기중심적으로 보던 것을 거듭난 후로는 '하나님 중심으로' 보게 된다. 이기적인 관점이 '이타적인 관점'으로 변한다.

예수님을 믿기 전에는 모든 것이 자기중심적이었다. 먹는 것도 일하는 것도, 가치 있다고 하는 것도, 행복하다고 하는 것도 모두 자기중심적이었다. 자기가 만족하면 좋은 것이고 또 행복하다고 했다. 자신에게 유익하면 좋았다.

세상도 자기중심적으로 보았다. '내가 있고 그다음에 세상도 있는 것이다. 내가 세상의 중심이다.' 이것이 예수님을 믿기 전, 즉 거듭나기 전의 사람이 갖고 있는 세계관이다.

그러나 거듭난 후에는 '하나님께서 모든 것을 창조하셨다. 모든 것은 하나님을 위해 존재한다'라고 보게 된다. 모든 것이 하나님으로 말미암아 창조되었고, 또 유지되며, 결국 하나님께로 돌아간다는 세계관을 갖게 된다. '우리가 소유한 것들도 내 것이 아니라 하나님의 것이다. 우리는 청지기일 뿐이다. 우리는 하나님이 주신 선물과 은혜로 살다가 하나님께로 돌아간다'는 관점을 갖는다.

살아야 하는 이유와 목적과 목표도 변한다. 자기를 위해 살지 않고 하나님의 영광을 위해 살고, 먹든지 마시든지 무엇을 하든지 하나님의 영광을 위해 한다. 살아도 주를 위해 살고 죽어도 주를 위해 죽는다. 살든지 죽든지 자기 몸에서 예수 그리스도가 존귀함을 얻는 것, 이것이 예수님을 믿는 사람의 인생관이요 가치관이며 세계관이다.

그래서 믿음은 우리에게 세상을 새로운 눈으로 보게 하고, 새로운 삶을 살게 한다. 즉 하나님을 위한 삶, 예수 그리스도를 위한 삶을 살게 한다.

믿음은 하나님과의 관계를 새롭게 한다

믿음은 하나님과의 관계를 근본적으로 새롭게 한다. 예수 그리스도를 자신의 구원자로 믿기 전의 사람은 하나님의 관점에서 볼 때 죄인이다. 그는 매사에 하나님의 노를 격발시킨다. 하나님의 명령에 불순종하고 하나님의 법을 무시하며 불법을 행한다.

이러한 죄인은 하나님의 뜻을 꺾고 하나님의 계획을 훼방하는 하나님의 원수이다. 하나님을 대적하며 세상과 벗하는 자이다(약 4:4). 하나님을 알만한 것이 자신 속에 있음에도 불구하고 하나님을 사랑하거나 섬기지 않는다. 하나님께 예배하지 않고 영화롭게도 하지 않는다. 도리어 썩어지지 아니하는 하나님의 영광을 썩어질 사람과 새, 짐승과 기어다니는 동물 모양의 우상으로 바꾸어(롬 1:21~23) 섬기는 하나님의 원수다.

또한 모든 불의와 추악, 탐욕과 악의가 가득하며, 시기와 살인과 분쟁, 사기와 악독함이 충만하다. 뒤에서 수군거리고 비방하며 부끄러움 없이 행하는 하나님의 원수이다. 남을 능욕하고 교만하며 부모를 거역하고 무정하며 약속을 저버리는 하나님의 원수이다(롬 1:29~31). 이 모든 것들이 옳지 않다는 것과 사형에 해당하는 중범죄라는 것을 알면서도 불법을 행하는 하나님의 원수이다(롬 1:32).

그런데 믿음은 하나님과의 이런 절망적 원수 관계를 '화목의 관계'로 변화시킨다. 당신이 예수 그리스도를 당신의 구원자로 믿으면, 긍휼과 사랑이 풍성하신 하나님은 당신의 모든 죄를 간과하시고 용서하신다. 로마서 3:25절 말씀이다.

> 이 예수를 하나님이 그의 피로써 믿음으로 말미암는 화목제물로 세우셨으니 이는 하나님께서 길이 참으시는 중에 전에 지은 죄를 간과하심으로 자기의 의로우심을 나타내려 하심이니

하나님께서 우리의 죄를 간과하심은 하나님의 의로우심을 나타내셔서 예수님을 믿는 자를 의롭다고 선포하시기 위함이다. 하나님과 원수 관계를 청산하고 화목한 관계가 되도록 하기 위함인 것이다.

> 전에 악한 행실로 멀리 떠나 마음으로 원수가 되었던 너희를 이제는 그의 육체의 죽음으로 말미암아 화목하게 하사

너희를 거룩하고 흠 없고 책망할 것이 없는 자로 그 앞에 세우고자 하셨으니(골 1:21~22).

곧 우리가 원수 되었을 때에 그의 아들의 죽으심으로 말미암아 하나님과 화목하게 되었은즉 화목하게 된 자로서는 더욱 그의 살아나심으로 말미암아 구원을 받을 것이니라(롬 5:10).

하나님은 우리와 화목한 관계를 만드셨을 뿐만 아니라 우리를 하나님의 백성으로 삼으셨다. 본래 우리는 하나님 앞에서 아무런 희망이 없는 자들이었다(엡 2:11~13). 그런데 예수 그리스도를 믿음으로 말미암아 우리가 하나님의 백성이 되고 가족이 되어(엡 2:19) 하나님의 통치를 받게 되었다.

더 놀라운 것은 마귀의 자녀였던(요일 3:10) 우리가 예수 그리스도를 믿음으로 말미암아 하나님의 자녀가 되었다(요 1:12~13)는 점이다. 하나님을 아빠 아버지라고 부르게 되었고(롬 8:15; 갈 4:6), 무엇이든지 구하는 것은 다 받게 되었다(눅 12:30; 마 21:22). 또한 우리가 하나님의 자녀이기 때문에 하나님의 모든 것을 상속받는 상속자가 되었다.

> 자녀이면 또한 상속자 곧 하나님의 상속자요 그리스도와 함께한 상속자니, 우리가 그와 함께 영광을 받기 위하여 고난도 함께 받아야 할 것이니라(롬 8:17).

이처럼 믿으면 하나님과 관계가 완전히 새롭게 된다.

하나님과 관계가 새로워진 사람은 더 이상 죄를 사랑하지 않는다. 구습을 따라 사는 옛사람의 습관을 버리고 새사람답게 살려고 한다(엡 4:22). 자기 속에 하나님의 생명과 성령의 권능과 하나님의 말씀이 역사함으로 하나님의 의의 본성을 따라 살려고 한다. 하나님처럼 거룩하기를 소원하고, 하나님처럼 바른 삶을 살려고 한다. 그래서 하나님과의 새로워진 관계를 더욱 돈독하게 만들어 간다.

믿음은 사람과 사람의 관계도 새롭게 한다

우리가 믿을 때 하나님의 권능으로 다시 태어남으로 인해 사람을 대함에 있어서도 놀라운 변화가 일어난다. 그것은 사람을 보거나 알려 할 때 '육신을 따라 알지 않는 것이요'(고후 5:16), 모든 사람을 용납하고 용서하며 사랑하는 것이다(골 3:13). 누구든지 그리스도 안에 있으면 새로운 피조물이다(고후 5:17). 그러니 그리스도 안에서 사람을 보려고 한다.

더욱이 복음은 화목하게 하는 복음이다. 하나님과 사람을 화목하게 할 뿐 아니라 사람과 사람도 화목하게 한다(고후 5:18~21). 우리는 이런 복음을 믿는 자이고 또 전하는 자이다.

그러므로 모든 사람과 화목하기를 힘쓴다. 우리를 좋아하고 사랑하는 사람과도 화목하려고 노력하고, 우리의 이웃과도 화목하려고 한다. 심지어 우리에게 상처를 입힌 사람, 경제적 손해를 입힌 사람도 사랑하고 화목하려고 노력한다.

무엇보다도 원수도 사랑할 수 있다. 우리는 예수님이 나를 사랑하는 그 사랑으로 우리의 원수를 위해 기꺼이 축복기도 하며 그의 모든 죄를 용서하고 사랑할 수 있다. 요점은 이렇게 우리가 새롭게 된 것은 우리 속에 거하는 하나님의 씨로 말미암아 가능해졌다는 것이다.

교회는 하나님의 씨를 가진 사람들의 모임이다

교회는 바로 하나님의 생명과 본성을 가진 사람들, 곧 성도들의 모임이다. 성도 속에는 성부 하나님(요일 4:5), 성령님(고후 1:22), 그리고 성자 예수 그리스도가 계신다(요1:12~13). 이렇게 삼위 하나님이 교회의 중심이 되신다.

우리가 씨앗 하나를 발아시키고 길러서 꽃을 피우고 열매를 맺게 하듯이, 우리 속에 있는 하나님의 씨가 계속 성장하면, 다시 말해 그 영향력을 키우면 우리는 삶의 모든 영역에서 하나님의 생명과 본성을 따라 살게 된다. 성령으로 행하고 예수 그리스도를 닮은 사람이 된다.

그렇게 되면 교회는 사회의 어떤 단체나 조직과는 확연히 다른, 새로운 공동체, 새로운 사회의 모습을 보여줄 수 있다. 삼위 하나님의 통치를 받는 공동체, 하나님의 말씀을 삶의 원칙으로 삼고 살아가는 공동체의 모습을 세상에 보여 줄 수 있다. 죄악으로 부패한 이 세상에서 하나님 나라의 실제적인 모습을 보여줄 수 있다.

이 모든 놀라운 변화와 교회의 사명을 가능하게 하는 것이 바로 믿음이다.

10.
믿음은 삶의 방향을 결정한다

히브리서 11:8~10

 1884년 갑신정변이 일어났고 1894년에는 청일전쟁이 일어나 평양성이 삽시간에 피비린내 나는 전쟁터로 변했다.
 청일전쟁이 한 창일 때 이기풍이란 청년이 있었다. 그는 세상에 대한 불만이 많았다. 조선에 청나라 군대가 들어오고, 또 왜놈들이 들어와서 사람들을 꼼짝 못 하게 하는 세상에 대한 불만, 나랏일을 하는 사람들은 나라가 어찌 되든 상관하지 않고 자기들의 야욕을 채우는 일에 급급한 것들에 대한 불만, 사람들은 매일 숨을 죽인 채 생활해야 하는 일상 등 모든 것이 불만이었다.
 이러한 불만으로 가득 찬 이기풍은 어느 날, 자기 앞으로 말을 타고 지나가는 평양 죄수의 다리를 잡고 끌어당겨

땅바닥에 내동댕이쳤다. 이 일로 그는 석 달 동안 목에 형틀을 쓰고 옥살이를 했다. 또 하루는 마포삼열(S.A.Moffett) 선교사가 길에서 사람들에게 복음을 전파하고 있을 때 "저 양코배기가 무엇 하러 우리나라에 왔을까? 저것들도 날도둑놈들이 아닌가?" 하고 생각했다. 그리고 친구들을 모아 마포삼열 선교사의 집에 돌을 던졌다. 마치 우박이 쏟아지듯 돌이 쏟아지면서 기왓장이 깨지고, 유리가 깨지며 집 안에 있는 것들이 온전하지 못했다.

이런 일이 있은 지 한 달 후, 마포삼열 선교사가 장터에서 서툰 조선말로 복음을 전할 때였다. 이기풍은 돌을 던져 마포 삼열 선교사의 턱을 맞췄다. 마포 선교사는 그 자리에 쓰러졌고 피가 삽시간에 낭자하게 흘렀다.[1] 이 외에도 이기풍은 한창 건축하고 있는 장대현교회를 때려 부수고 이것도 모자라서 삼일 밤 예배를 인도하러 가던 마포 삼열 선교사를 폭행하기도 했다. 마포 삼열 선교사는 엄청난 고통을 느꼈을 텐데도 화를 내지 않았다.

청일전쟁이 극에 달할 때, 이기풍은 희망을 품고 평양에서 원산으로 갔다. 하지만 거기서도 뾰족한 수가 없었다. 그는 힘없이 길을 가다가 스왈른(Swallen) 선교사를 봤다. 갑자기 정신이 아찔해졌다. 평양에서 돌로 턱을 깨뜨린 마포

삼열 선교사를 보는듯했기 때문이다. 이기풍은 마포삼열 선교사의 턱을 돌로 때린 이후, 마음 한구석에는 늘 괴로움이 있었다. 아무런 죄도 없는 사람을 돌로 쳤다는 양심의 가책 때문이다.

이기풍은 스왈른 선교사를 만나고 집으로 돌아와 마포삼열 선교사를 괴롭힌 것을 생각하던 중, 스르르 잠이 들었다. 갑자기 방안이 환해지더니 머리에 가시관을 쓴 분이 나타났다. 이기풍은 그분이 너무나도 눈이 부셔서 쳐다볼 수 없었다.

"기풍아, 기풍아, 왜 나를 핍박하느냐? 너는 나의 증인이 될 사람이다."

가시관을 쓴 사람으로부터 이런 말을 들었다. 너무나 놀라서 깨어보니 꿈이었다. 온몸은 땀으로 흠뻑 젖어 있었다. 이기풍은 그 자리에서 엎드렸다. 그리고 회개하기 시작했다. 과거에 지은 수많은 죄가 꼬리에 꼬리를 물고 생각나서 가슴을 치고 머리카락을 쥐어뜯으며 통곡했다. 그러나 자신이 지은 죄는 누구에게도 용서받을 길이 없을 것 같아 절망했다.

너무도 답답했던 이기풍은 평소 자신에게 예수님을 믿으라고 권하던 사람의 집으로 쏜살같이 달려갔다. 그리고 자신의 꿈 이야기와 자신이 지은 죄와 죄의식을 낱낱이 고백했다. 그 친구는 이기풍의 손을 잡고 스왈른 선교사의 집으로 데리고 갔다. 스왈른 선교사는 이기풍에게 일어났던 이야기를 듣고 서툰 조선말로 이렇게 말했다.

"분명히 당신을 예수님이 귀하게 쓰실 징조요. 당신 죄는 예수님이 다 사하여 주셨소. 기뻐하시오."

이기풍은 스왈른 선교사 앞에서 엉엉 울며 자신이 지은 과거의 모든 죄를 회개했다. 특히 마포 삼열 선교사를 돌로 때린 일도 고백하고 회개했다. 그러고 나서 이기풍은 그리스도인이 되기로 맹세했다.

그 후 이기풍의 삶은 완전히 달라졌다. 동이 트면 전도하는 것이 하루의 일과가 되었다. 혈기 왕성하던 모습은 온데간데없고 그 열정이 전도하는 모습으로 나타났다.[2] 이후 이기풍은 1907년 대한 예수교 장로회 신학교를 제1회로 졸업하고 한국인 최초의 목사 7명 중 한 명이 되었다.[3] 그리고 한국 목사 최초로 제주도 선교사로 파송을 받아 제주도민에게 복음을 전했다.[4] 그는 1921년 대한 예수교장로회 총회장을 역임했고, 일본 신사 참배를 반대하다 1942년 6월 20에 소천하였다.[5]

조선이라는 나라에서 청일전쟁이 벌어지면서 나라 꼴이

말이 아닌 것을 분하게 여기고 방황하던 이기풍은 예수님을 만나고 그의 삶이 완전히 변화되었다. 방황하던 삶에서 예수님을 위한 삶으로 삶의 방향이 변화되었다. 조선이라는 나라 때문에 불평불만하던 사람이 하나님의 나라를 꿈꾸고 복음 전하는 사람으로 변한 것이다.

   이기풍의 삶이 보여주는 것은 바로 '믿음은 우리 삶의 방향을 결정한다'는 사실이다. 여기서 말하는 '삶의 방향'이란, 사람이 마땅히 걸어가야 할 인생의 방향이며, 또한 하나님이 원하시는 삶의 방향이다. 이기풍을 통해서 삶의 방향이 어떻게 바뀌는지 어느 정도 알게 되었지만, 이어지는 글에서 아브라함을 살펴보면 이 진리를 좀 더 구체적으로 이해하게 될 것이다.

아브라함이 하나님의 부르심을 받다

   히브리서 11:8절에 등장하는 아브라함의 이름은 하나님께서 개명해 준 이름이다. 개명 받기 전에는 '아브람'이었다. 그의 아내는 사래인데 그녀 역시 하나님께서 개명해 주셔서 '사라'가 되었다.[6] 사라는 임신하지 못하여 자식이 없었다.

히브리서 11:8절은 하나님과 아브라함의 첫 만남을 이렇게 말한다. "믿음으로 아브라함은 부르심을 받았을 때에"라고 말이다. 사도행전 7:2절은 아브라함이 하나님의 부르심을 받기 전에 메소보다미아에 살았다고 기록한다.

> 우리 조상 아브라함이 하란에 있기 전 메소보다미아에 있을 때에 영광의 하나님이 그에게 보여(행 7:2).

여기서 말하는 '메소보다미아'는 '강 사이의 땅'이라는 뜻이다. 유프라테스 강과 티그리스 강 사이를 말한다. 유대 땅에서 보면 유프라테스 '강 건너편'이 되는 셈이다. 창세기 11:28절에서는 이 메소보다미아를 '고향 땅'이라고 부르며 '갈대아 우르'라고 명시한다.

따라서 아브라함이 갈대아 우르에 살 때, 하나님과 첫 만남이 이루어진 것이다. 하나님과의 첫 만남은 아브라함이 요청했기 때문에 이루어진 것이 아니다. 아브라함이 하나님을 찾아서 하나님을 믿은 것이 아니다. 그는 갈대아 우르 사람들이 그랬듯이 여호와 하나님이 아닌 다른 신을 섬기며 살았다.

> 여호수아가 모든 백성에게 이르되 이스라엘의 하나님 여호와께서 이같이 말씀하시기를 옛적에 너희의 조상들 곧 아브라함의 아버지, 나홀의 아버지 데라가 강 저쪽에 거주하여 다른 신들을 섬겼으나(수 24:2).

어쩌면 아마르-신(Amar-Sin)이나 엔키(Enki)와 압수(Apsu)를 섬겼을 수도 있고, 이난나(Inanna) 여신을 섬겼을 수도 있다.[7] 어떤 신을 섬겼을지는 알 수 없지만, '다른 신을 섬겼다'는 표현은 여호와 하나님이 아닌 다른 신을 섬겼다는 뜻이며, 하나님을 섬기지 않았다는 뜻이다.

그런데도 영광의 하나님께서 아브라함을 찾아오셨고 그에게 자신을 나타내셨다(행 7:2). 그리고 그를 부르셨다. 이사야 51:2절은 '아브라함이 혼자 있을 때 하나님께서 그를 부르고 그에게 복을 주어 창성하게 하셨다'라고 말씀한다.

이것은 엄청난 은혜이다. 우상을 숭배하고 있는 아브라함에게 영광의 하나님께서 자신을 나타내셨다는 것은 하나님께서 얼마나 자신을 낮추셨는지를 보여준다. 그리고 아무런 가치도 없는 우상 숭배자를 부르셨다는 것은 그를 우상 숭배하는 죄에서 구출해 내신 것이며, 다른 사람들과 함께 부른 것이 아니라 혼자 있을 때 아브라함만 부르신 것은 그에게만 특별한 은총을 베푸신 것이다.

하나님은 아브라함을 부르실 때 한 가지 명령을 하셨다. 그리고 그 명령에 순종할 때 아브라함에게 일어날 일들을 약속으로 주셨다.

하나님의 명령은 "너의 고향과 친척과 아버지의 집을 떠나 내가 네게 보여 줄 땅으로 가라"(창 12:1)는 것이다. 그리고 하나님의 약속은 이러하다.

> 내가 너로 큰 민족을 이루고, 네게 복을 주어 네 이름을 창대하게 하리니 너는 복이 될지라. 너를 축복하는 자에게는 내가 복을 내리고 너를 저주하는 자에게는 내가 저주하리니, 땅의 모든 족속이 너로 말미암아 복을 얻을 것이라(창 12:2~3).

아브라함이 받은 약속은 첫째, 자식이 없는 아브라함에게 자식을 줄 뿐만 아니라 큰 민족을 이루게 하겠다는 약속이다. 둘째, 아브라함 자신이 복이 된다는 약속이다. 그래서 그의 이름이 창대하게 되고 아브라함을 축복하는 자는 복을 받게 된다. 셋째, 땅의 모든 족속이 아브라함으로 말미암아 복을 받는다는 약속이다.

이런 약속에 이어 창세기 12:7절을 보면, 아브라함이 하나님께서 보여주신 땅, 즉 가나안 땅에 도착해서 하나님께 제사를 드렸을 때, "이 땅을 네 자손에게 주리라"라는 약속도 하셨다. 땅에 대한 약속은 창세기 13장에서 조카 롯과 분리된 후에 더욱 구체화 되었다.

> 너는 눈을 들어 너 있는 곳에서 북쪽과 남쪽 그리고 동쪽과 서쪽을 바라보라. 보이는 땅을 내가 너와 네 자손에게 주리니 영원히 이르리라. 너는 일어나 그 땅으로 종과 횡으로 두루 다녀보라. 내가 그것을 네게 주리라(창 13:14.~15. 17).

아브라함이 하나님과 하나님의 약속을 믿다

아브라함은 자신에게 나타나신 하나님과 하나님이 하신 약속들을 믿었다. 다른 신을 섬기며 살 때에는 여호와가 하나님이신 것을 몰랐지만, 이제는 알게 되었다. 갈대아 우르의 신들은 '우상'에 불과했지만, 자신에게 나타나신 여호와 하나님이 진정한 신이라는 것을 알았다. 우상은 입이 있어도 말하지 못하는 죽은 신이지만, 여호와 하나님은 살아계신 하나님이시라는 것을 알았다.

그뿐만 아니라 아브라함은 여호와 하나님께서 약속하신 대로 자신의 인생을 새롭게 만들어 줄 것을 굳게 믿었다. 자식이 없었지만 아들을 주실 것을 믿었고, 자기 후손이 큰 민족을 이루게 될 것을 믿었다. 자신의 이름이 창대해지고 자신이 복이 될 것을 믿었으며, 모든 민족이 자신으로 말미암아 복을 받을 것을 믿었다.

그의 믿음은 곧 순종이라는 행동으로 나타났다. 하나님의 말씀대로 고향과 친척과 아버지 집을 떠나 하나님이 보여주시는 땅으로 갔다. 그래서 "믿음으로 아브라함은 부르심을 받을 때 순종하여 장래의 유업으로 받을 땅에 나아갈새 갈 바를 알지 못하고 나아갔으며"(히 11:8)라고 말한다.

믿음은 삶의 방향을 바꾼다

아브라함은 하나님이 계신다는 것과 하나님의 약속을 믿는 순간, 자기 삶의 방향을 바꾸었다. 하나님과 하나님의 약속을 믿기 전까지는 갈대아 우르라는 번영의 도시를 향해 돌진했다.

하지만 믿음을 가진 후로는 하나님이 보여주시는 땅을 향해 방향을 틀었다. 모든 것이 보장되고 자기 삶의 탄탄한 발판이 될 수 있는 삶의 터전을 떠나 아무것도 없는 미지의 세계로 갔다. 삶의 든든한 기반과 후원이 되고 힘이 될 수 있는 고향, 친척, 아버지의 집을 떠나 오직 하나님만 의지하고 알지도 못하는 땅으로 나아갔다. 그가 지금까지 살면서 단 한 번도 생각해 보지 않은 곳으로 자신의 삶의 방향을 틀었다.

아브라함이 삶을 위해 확실한 것들을 포기하고 불확실한 곳을 향해 삶의 방향을 바꿀 수 있었던 이유는 하나님과 하나님이 하신 약속에 대한 믿음 때문이다. 이 믿음이 인생의 전환점이 되고 자기 삶의 방향을 바꾼 결정적 계기가 된 것이다. 믿음이 있기 때문에 결단하고 행동으로 옮긴 것이다.

아브라함의 나이를 생각하면, 자기 삶의 방향을 바꾼다는 것이 결코 쉬운 일이 아니다. 그가 하나님의 부르심을 받았을 때 그의 나이는 75세였다. 이 나이에 고향과 친척과 아버지의 집을 떠나 하나님이 지시하신 땅으로 가는 새로운 모험을 하기에는 힘든 나이다.

시인은 시편 90:10절에서 "우리의 연수가 칠십이요, 강건하면 팔십이라"라고 말한다. 물론 아브라함이 오늘 우리들보다 더 오래 살았다는 점을 고려해도, 75세라는 나이는 결코 적은 나이가 아니다. 이 나이에 자신이 살아왔던 삶의 터전과 도움을 주던 사람들을 떠나, 삶의 방향을 완전히 바꾸어 새로운 출발한다는 것은 쉽지 않은 일이다.

그런데도 아브라함은 자기 삶의 방향을 바꾸었다. 바로 하나님과 하나님을 믿는 믿음 때문이다. 하나님과 그분의 약속에 대한 믿음이 있다면, 나이나 처지에 상관없이 삶의 방향을 바꿀 수 있다. 하나님의 말씀에 대한 믿음이 있다면 어떤 상황에서도 말씀대로 행동할 수 있다.

왜 믿으면 삶의 방향이 바뀌는가?

믿음은 삶의 방향을 조종하는 방향키와 같다. 키가 어떤 방향으로 조종되느냐에 따라 거대한 배의 방향이 달라진다. 믿음은 우리 자신과 우리가 지향하고 추구하는 것, 의미와 가치를 두는 것, 삶의 목표 등 모든 것을 좌로나 우로 움직일 수 있는 방향키와 같다.

관점의 변화
믿음은 관점을 바꾼다. 세상과 사건과 사물을 보는 시각을 변화시킨다. 하나님과 하나님의 약속을 믿는 순간, 기존의 세계관, 물질관, 가치관, 인생관, 행복관 등 모든 관점이 바뀐다. 하나님 없이 바라봤던 관점에서 하나님의 눈(관점)으로 보게 된다. 자기중심적인 관점에서 하나님 중심적인 관점으로 변화된다. '전통'이라는 이름과 조상들이 그렇게 해 왔기 때문에 우리도 그렇게 해야 한다는 고정관념에 대해 의문을 제기하고, 어떻게 하는 것이 하나님을 영화롭게 하는 일인가를 깊이 생각하게 된다. 그래서 믿으면 관점이 바뀌고, 관점이 바뀌면 삶의 방향이 바뀔 수밖에 없다.

사도 바울이 예수님을 믿기 전에는 예수님을 믿는 자들을 잡아다가 감옥에 넣는 것이 하나님을 위한 일인 줄 알았다. 그러나 그가 다메섹 도상에서 부활의 주님을 만난 후, 그는 자신의 행동이 예수님을 핍박하는 일임을 깨달았다. 그는 하나님의 아들이며 구원자인 예수님을 위해 사는 것이 진정으로 하나님을 위한 일이라는 것을 깨달았다.

예수님을 구원자로 믿기 전에는 율법을 지키며 바리새인으로 사는 것이 제대로 사는 것인 줄 알았다. 그러나 예수님을 믿은 후로는 예수님을 아는 것이 가장 고상한 지식이므로 그 이전 것을 배설물처럼 여기고 다 버렸다. 오직 예수 그리스도를 알고, 그분의 고난이나 부활에 동참하는 것이 가장 의미 있는 삶이라는 것을 알았다.

예수님을 믿기 전에는 할례를 받고 베냐민 지파 사람이며, 히브리인이라는 것을 자랑했다. 그러나 예수님을 믿고 난 후에는 십자가를 자랑하고 자신의 약한 것을 자랑했다. 예수님을 믿기 전에는 세상 사람들처럼 잘 살고, 유명해지고 출세하는 것이 제일인 줄 알았다. 그러나 예수님을 믿고 난 후에는 살아도 주를 위하여 살고 죽어도 주를 위하여 죽으며, 살든지 죽든지 자기 몸에서 예수 그리스도가 존귀함을 얻는다면 그 한 가지만으로도 말할 수 없이 행복했다.

사도 바울의 이런 변화는 그가 기존에 갖고 있던 세계관과 물질관과 가치관과 인생관과 행복관이 변했기 때문이다. '하나님과 예수님의 눈으로' 세계를 보고, 가장 가치 있고 고상한 것이 예수님이며, 인간의 삶은 예수님을 위하여 살고 예수님이 존귀함을 얻도록 사는 것이며, 그렇게 될 때 가장 행복한 것임을 깨달았기 때문이다.

삶의 목표 변화

하나님을 믿으면 삶의 목표가 변한다. 아브라함이 자기 고향과 친척과 아버지의 집을 떠나 하나님이 지시하시는 땅으로 옮긴 것은 자기를 부르신 하나님과 하나님의 약속이 자신이 사는 이유와 목적이요, 자기 삶의 목표와 비전이 되었기 때문이다.

그는 하나님께서 자식이 없는 자신에게 아들을 줄 뿐만 아니라 자기 후손이 큰 민족을 이룰 것을 꿈꾸며 살았다. 자신이 복이 되어 자기 이름이 창대하게 될 것이라는 소망을 품었다. 하지만 하나님의 약속은 아브라함만 잘되게 해준다는 약속이 아니었다. 아브라함과 그의 자손을 통해 세계 모든 민족이 복을 받으리라는 약속이었다. 하나님께서 모든 민족에게 복을 주시기 위한 통로가 아브라함이었다.

> 땅의 모든 족속이 너로 말미암아 복을 얻을 것이라(창 12:3).

이것은 놀라운 비전이었고 한 개인이 품기에 너무나 벅찬 삶의 목표였다. 아브라함은 자신 때문이 아니라 하나님이 약속하셨기 때문에 모든 민족이 복을 받게 될 것이라는 꿈과 비전을 품었다. 그리고 그것이 이루어질 것을 소망하면서 낯선 곳에서도 믿음으로 살았다.

우리는 모압 땅에 살고 있던 룻에게서도 삶의 방향을 바꾼 사례를 볼 수 있다. 그녀는 자기 고향을 떠나 시어머니 나오미와 함께 유대 땅 베들레헴으로 왔다. 그녀의 삶의 목표가 바뀌었기 때문이다. 나오미가 며느리 룻에게 자신에게는 소망이 없다고 하면서 자기 친정으로 '되돌아가라'고 했지만, 룻은 돌아가지 않았다. 그 이유는 자기 삶의 이유와 목적, 그리고 목표가 변했기 때문이다.

> 내게 어머니를 떠나며 어머니를 따르지 말고 돌아가라 강권하지 마옵소서. 어머니께서 가시는 곳에 나도 가고 어머니께서 머무시는 곳에서 나도 머물겠나이다. 어머니의 백성이 나의 백성이 되고 어머니의 하나님이 나의 하나님이 되시리니 어머니께서 죽으시는 곳에서 나도 죽어 거기 묻힐 것이라. 만일 내가 죽는 일 외에 어머니를 떠나면 여호와께서 내게 벌을 내리시고 더 내리시기를 원하나이다(룻 1:16~17).

룻이 자신의 조국 모압과 고향을 떠나 유대 땅으로 올 수 있었던 것은 그녀의 시어머니 나오미가 믿는 여호와 하나님을 알았기 때문이고, 하나님을 믿을 때 그녀의 삶의 목표가 바뀌었기 때문이다.

예수님의 제자들이 예수님의 부르심을 받았을 때, 자신

들의 인생 방향을 틀게 된 계기가 무엇인지 생각해 보라. 갈릴리 바다에서 그물질하며 물고기 잡던 베드로와 야고보와 요한과 안드레, 또 세관에 앉아서 돈을 두둑하게 벌던 세리 마태, 그 외에 빌립과 바돌로매, 알패오의 아들 야고보와 다대오 등등. 이들이 자기 부모 형제와 자기들이 하던 생업을 버리고 예수님을 따라나선 이유가 무엇인가?

그것은 그들의 삶의 목표와 비전이 변했기 때문이다. 예수님께서 '너희로 사람을 낚는 어부가 되게 하리라'(마 4:20)는 약속을 믿고 예수님을 따라나섰다. 자신을 죄인으로 보지 않고 사람으로 대해 주신 예수님, 죄인을 구원하시는 예수님이 자기가 사는 이유와 목적이 되었기 때문에 삶의 방향을 예수님에게로 바꾼 것이다.

성경에 등장하는 사람들이 삶의 방향을 바꾸기로 한 전환점에는 성부 하나님과 예수님, 성령님이 계신다. 그리고 삼위 하나님을 믿는 믿음이 있다.

어떻게 자기중심적인 삶에서 하나님 중심적인 삶으로 방향을 바꿀 수 있는가? 어떻게 이기적인 삶에서 이타적인 삶으로 삶의 방식을 바꿀 수 있는가? 욕망과 욕심을 따라 살지 않고 하나님 아버지와 예수님을 따라 사는 삶으로 방식을 바꿀 수 있는가? 답은 삼위 하나님을 믿으면 바뀐다.

삼위 하나님을 믿을 때 사는 이유와 목적, 목표와 비전, 그리고 모든 것이 달라진다.

때로는 하나님을 믿고 사는 동안 하나님의 부르심과 하나님이 주신 사명 때문에 삶의 목표가 바뀐 경우도 있다. 하나님의 부르심을 받고 특별한 일을 하도록 사명을 받은 사람은 삶의 방향이 바뀔 수밖에 없다.

구약 성경에 등장하는 선지자 중에 아모스 선지자가 있다. 아모스는 베들레헴에서 남쪽으로 10km 지점에 있는 드고아 사람이다. 그는 거기서 뽕나무를 재배하고 또 목자로 살았다(암 7:14). 농촌에서 소박하고 평화롭게 목가적인 생활을 했는지 아니면 거대 농장주로 살았는지 알 수 없지만, 그는 정치권과 아무런 상관없이 살았다.

그러던 그가 자기 고향 유대 땅을 떠나, 북 이스라엘 땅 벧엘로 와서 하나님의 말씀을 외쳤다. 그는 당시 북 이스라엘의 왕이었던 여로보암 2세의 정치와 종교적인 타락(암 7:9~11), 그리고 정치 지도자들의 불의함과 백성을 착취하는 죄를 지적하고 회개를 촉구했다. 또 북 이스라엘의 멸망을 예언했다(암 6:1~11).

아모스는 북 이스라엘에서 환영받지 못했다. 그는 오히려 온갖 조롱과 비방과 박해를 받았다. 북 이스라엘의 제사장 아마샤는 아모스에게 "선견자야 너는 유다 땅으로 도망하여 가서 거기에서나 떡을 먹으며 거기에서나 예언하고 다시는 벧엘에서 예언하지 말라 이는 왕의 성소요 나라의 궁궐임이니라."(암 7:12~13)라고 노골적으로 말했다. 그런데도 아모스는 북 이스라엘에서 하나님의 뜻을 전하는 생활을 했다. 그렇게 하는 것이 그의 사명이었기 때문이다.

예레미야 선지자도 마찬가지다. 그는 제사장 힐기야의 아들이다. 제사장이기 때문에 여호와의 성전에서 하나님을 섬기며 살았다. 그런 예레미야가 하나님의 뜻을 전하는 선지자로 부름을 받았다. 때문에 그는 유다 요시아 왕 13년부터 시드기야 왕 11년까지, 즉 유다가 멸망할 때까지 무려 42년간(B.C. 628~586) 선지자로 살았다. 예레미야는 유다 나라 왕에서부터 백성에 이르기까지 목이 곧고 우상을 숭배하며, 하나님을 버린 그들에게 회개하고 하나님께로 돌아오라고 촉구했다. 만일 돌아오지 않는다면 유다 나라가 멸망할 것이라고 예언했다.

하나님께서 예레미야에게 말씀을 주시고 그것을 기록하라고 하거나 또 낭독하라고 했을 때 예레미야는 순종했다. 기록한 예언의 말씀을 낭독할 때, 여호와김은 낭독한 하나님의 말씀을 화로에 던져 태워버렸다(렘 36:1~23).

또 하나님이 전하라는 말씀대로 유다의 정치 지도자들에게 전할 때 애굽을 의지하지 말고 바벨론에 항복하라고 했다. 그때 유다의 정치 지도자들은 예레미야를 토굴에 가두거나(렘 39:13~16) 진흙 구덩이와 같은 감옥에 던지고 며칠씩 먹을 것도 주지 않았다. 예레미야는 선지자로 사는 동안 숱한 고난과 핍박을 받았다. 그의 마지막은 애굽으로 끌려갔고(렘 43:6~8), 애굽에서 죽은 것으로 추측된다.

이들 외에도 하나님의 부르심과 사명 때문에 자기 삶의 방향을 바꾼 사람들이 많다. 그들은 사명 때문에 안락하고 부유한 생활보다 고난의 삶을 선택했다. 부르심 때문에 사람을 기쁘게 하고 사람의 칭찬과 영광을 받는 대신에 하나님을 기쁘시게 하고 하나님의 위로로 만족하며 살았다. 이처럼 하나님을 믿기 때문에, 그리고 하나님의 부르심에 응답하여 사명의 길을 가기 때문에 삶의 목표가 바뀐다.

하나님이 지시하는 것을 봄

왜 하나님과 예수님을 믿으면 삶의 방향이 바뀌는가? 믿으면 다른 것을 보기 때문이다. 하나님을 믿으면 하나님이 보여주시는 것을 본다. 아브라함은 믿기 전에는 갈대아 우르와 자기 고향을 봤고, 일가친척을 봤으며 자기 아버지의 집을 봤다. 자기 친척들과 갈대아 사람들이 추구하는 것을 봤다.

그러나 하나님을 믿고 하나님의 약속을 믿은 후로는 하나님이 보여주신 가나안 땅을 봤다. 그래서 아버지의 집을 떠나 갈 바를 알지 못하고 믿음으로 그 땅을 향해 갔다.

그는 가나안 땅에 도착해서 그 땅에 살면서 단순히 가나안 땅만 본 것이 아니다. 그는 장차 그 땅에 세워질 하나님의 나라를 봤다. 자기 후손이 큰 민족을 이루어 하나님의 백성이 되는 하나님 나라를 봤다.

아브라함이 가나안 땅에서 살 때 그 땅에 살고 있던 가나안 족속과 동일시되려고 하지 않았다. 그들 나라의 한 시민으로 살지 않고 타국 사람으로, 나그네로 살았다. 그는 아무런 권리도 없는 외국인으로 살았지만, 그 땅에서 자기 자식들과 함께 믿음으로 살았다.

왜 아브라함은 가나안 땅에 살 때 외국인으로, 나그네로 살았는가? 그는 나그네이면서도 그 땅을 떠나지 않고 믿음으로 그 땅에 머물렀던 이유는 무엇인가? 그것은 하나님이 장차 지으실 성을 그곳에서 보았기 때문이다.

이는 그가 하나님이 계획하시고 지으실 터가 있는 성을 바라봤음이라(히 11:10).

새번역성경은 "그는 하나님께서 설계하시고 세우실 튼튼한 기초를 가진 도시를 바랐던 것입니다"(새번역 히 11:10)라고 번역했다. 새번역에서 '성'을 '도시'로 번역했다. 하나님이 직접 설계하시고 하나님께서 튼튼한 기초 위에 거대한 도시를 세우실 것을 보았기 때문에 가나안 땅에 거주했다.

가나안 땅에서 아브라함의 삶이 마냥 평안하고 안정되며, 또 행복한 것만은 아니었다. 그는 가뭄과 흉년으로 고생했고, 아내를 뺏길 뻔한 일도 있었으며, 조카 롯과 그의 가족이 주변 나라의 연합군에게 사로잡혀 가기도 했다. 소돔 왕과 불편한 관계에 있었으며, 소돔과 고모라가 멸망하는 것을 보기도 했다. 이 외에도 외부적으로 크고 작은 일들과 내부적으로 가정의 심각한 일들이 있었다.

웬만한 사람들은 이런 일을 겪으면 자기 고향으로 돌아간다. 실제로 아브라함은 자기 고향, 친척, 아버지 집으로 돌아갈 기회도, 명분도 많이 있었다. 그런데도 그는 떠나온 곳으로 돌아가지 않고 믿음으로 그 땅에 살았다.

아브라함이 가나안 땅을 떠나지 않고 굳건한 믿음으로 그 땅에서 살았던 이유는 무엇인가? 바로 하나님께서 계획하시고 세우실 하나님의 도성을 봤기 때문이다. 우리는 이 도성이 약속의 땅에 세워질 하나님의 나라라고 생각한다.

아브라함은 가나안 땅에 존재하는 하나의 도시 국가나 사람의 나라가 아닌, 하나님이 왕이시고 하나님의 법으로 자기 백성을 공의와 공도로 다스리는 하나님 나라를 보았다. 창세기 18:17~19절에서 말씀하신 그 나라를 본 것이다.

> 여호와께서 이르시되 내가 하려는 것을 아브라함에게 숨기겠느냐? 아브라함은 강대한 나라가 되고 천하 만민은 그로 말미암아 복을 받게 될 것이 아니냐? 내가 그로 그 자식과 권속에게 명하여 여호와의 도를 지켜 의와 공도를 행하게 하려고 그를 택하였나니 이는 나 여호와가 아브라함에게 대하여 말한 일을 이루려 함이니라(창 18:17~19).

아브라함은 하나님의 약속을 받을 때 장차 자신과 자신의 후손이 이 땅에서 강대한 나라가 되고, 여호와의 도를 지켜 의와 공도를 행하는 나라를 보았다. 그래서 그 땅의 장막에서 믿음으로 살았다.

아브라함이 본 것은 이것뿐만이 아니다. 처음에는 하나

님의 부르심을 받았을 때, 하나님이 보여주시는 가나안 땅을 보았다. 그리고 가나안 땅에 살면서는 그 땅에 세워질 하나님의 나라를 보았다. 여기서 한 걸음 더 나아가 아브라함의 믿음이 성숙해지는 것과 비례해서 아브라함은 하늘의 본향을 바라봤다.

> 그들이 이제는 더 나은 본향을 사모하니 곧 하늘에 있는 것이라. 이러므로 하나님이 그들의 하나님이라 일컬음 받으심을 부끄러워하지 아니하시고 그들을 위하여 한 성을 예비하셨느니라(히 11:16).

아브라함이 가나안 땅에 살면서 자기 고향보다 더 갈망한 것은 하늘의 본향이었다. 하늘의 본향은 가나안 땅보다도, 갈대아 우르의 자기 고향보다도 더 좋은 곳이었다. 아브라함은 믿음으로 하늘 본향을 바라보고 동경했다. 하나님께서는 이렇게 하늘 고향을 동경하고 갈망하니 이런 믿음을 가진 자들의 하나님이라는 것을 부끄러워하지 않으시고 그들을 위해 하늘 도성을 마련해 두셨다(히 11:16).

아브라함은 가나안 땅에 살면서도 하늘 도성을 바라보았기 때문에 그 땅에서 외국인처럼, 나그네처럼 살았다.

결론적으로, 왜 믿으면 자기 삶의 방향을 바꾸는가? 왜 새로운 곳으로 가는가? 그것은 믿으면 다른 것을 보기 때문이다. 하나님을 보고, 하나님의 약속이 성취된 것을 보며, 이 땅의 번영의 도시가 아닌 하나님이 세우시는 도시(하나님 나라)와 하늘의 도성(본향)을 보기 때문이다. 믿기 전에 보지 못했던 진짜 세계를 보기 때문이다. 그래서 지난 과거와 완전히 다른 새로운 삶을 살게 된다.

예수님을 믿는 사람은 삶의 방향을 바꾼 사람이다

예수님을 믿는 사람은 어떤 사람인가? 예수님을 믿는 사람은 자기 삶의 방향을 근본적으로 바꾼 사람이다. 과거의 삶이 하나님께서 보실 때 심각한 문제가 있는 죄악된 삶이라는 것을 깨닫고 죄악의 길에서 돌아선 사람이다. 하나님을 등지고 세상을 향해 가면서 세상의 풍습을 따르던 삶에서 완전히 돌아서서, 세상과 결별하고 하나님을 향해 사는 사람이다. 그리스도인은 세상과 친구로 사는 사람이 아니라 하나님과 친구로 사는 사람이다. 세상과 짝하여 세상의 길을 걷지 않고, 하나님과 함께 하나님의 길을 걷는 사람이다.

예수님을 믿는 사람은 자기 삶의 방향을 바꾼 사람이다. 예수님을 믿기 전에는 욕심을 따라 살았다. 그러나 예수님을 믿고 난 후에는 먹든지 마시든지 무엇을 하든지 하나님의 영광을 위해 산다. 예수님을 믿기 전에는 하나님을 알만한 것이 우리 속에 있음에도 불구하고 하나님께 반응하지 않고 죄와 세상에 민감하게 반응하며 살았다. 그러나 예수님을 믿고 난 후에는 육체의 욕망보다도 성령의 소욕을 따라 산다. 예수님을 믿기 전에는 하나님께 대해서는 죽은 자요 죄에 대해서는 산 자로 살았다. 그러나 예수님을 믿고 난 후에는 죄에는 죽은 자로, 그리고 하나님께 대하여 산 자로 산다(롬 6:10~11).

예수님을 믿는 사람들은 세상 사람들이 추구하고 욕심을 채우는 삶의 방식과 결별한 사람들이다. 대신에 하나님을 영화롭게 하고, 예수 그리스도가 존귀함을 얻게 하는 삶을 산다. 삼위 하나님, 이것이 믿음을 가진 그리스도인이 사는 이유와 목적이요 삶의 방향이며 목표다.

그러므로 옛 생활로 돌아가는 것을 특히 주의해야 한다. 개가 토한 것으로 돌아가고, 돼지가 씻었다가 더러운 구덩이에 도로 눕는 것처럼 세상으로 돌아가는 것을 조심해야 한다. 데마처럼 세상을 사랑하여 예수 그리스도를 떠나지 말고 예수님과 하나님을 뜨겁게 사랑하며 그분과 함께 살아야 한다.

당신 눈에 무엇이 보이는가? 당신의 삶의 방향을 좌지우지하는 것은 당신이 보는 것에 달려 있다. 당신이 하나님을 보고 예수님을 본다면, 당신은 예수님의 방향으로 살게 될 것이다.

그러나 당신이 예수님을 믿는다고 하면서 세상을 본다면, 그 믿음은 진짜가 아닐 뿐만 아니라 세상을 향해 살게 될 것이다. 당신의 인생이라는 배는 당신이 믿고 보는 방향으로 움직이기 때문이다.

사람은 자신이 진정으로 믿는 것을 보고, 그것을 자기 마음에 품는다(마 6:21). 그리고 자신이 보는 그 방향으로 가고 또 그렇게 산다. 믿음이 우리 삶의 방향을 결정짓기 때문이다.

11.
믿음은 삶의 방식을 결정한다

히브리서 11:13~16

 누구나 자신만의 삶의 방식이 있다. 숨 쉬고 활동하는 동안, 혹은 자신이 원하든 원치 않든 자기만의 삶의 방식으로 산다.

 어떤 사람은 거짓말을 밥 먹듯이 하며 그것을 처세술이라고 믿고 살기도 하고, 어떤 사람은 정직하게 말하고 반드시 약속을 지키며 살기도 한다. 어떤 사람은 자기만 생각하며 살고, 어떤 사람은 자신보다 남을 더 챙겨주면서 살기도 한다. 어떤 사람은 자유롭게 살겠다며 질서와 상관없이 살기도 하고, 어떤 사람은 규범과 예의를 철저하게 지키며 솔선수범하며 살기도 한다. 새벽 일찍부터 하루를 시작하는 사람도 있고, 늦게 일어나 밤늦게까지 일하는 사람도 있다. 어떤 사람은 산속에서 혼자 사는 사람도 있고, 도시에서 여러 사람과 함께 사는 사람도 있다. 매일 운동해야 하루의 삶이 제대로 돌아가는 사람이 있는가 하면, 소파나 방바닥에 딱 붙어서 움직이지 않는 사람도 있다. 어떤 사람은 도전보다 안정을 추구하고, 어떤 사람은 세계가 자기 안방인 양 돌아다니기도 한다. 어떤 사람은 계산기를 두드리며 살고, 어떤 사람은 디지털 노마드(Digital Nomad)로 살아가는 등, 사람들의 삶의 방식은 수도 없이 많고 다양하다.

믿음은 삶에 크게 작용한다

우리의 관심은 사람의 삶의 방식이 우리의 믿음과 어떻게 연관되어 있는가 하는 점이다. 물론 사람의 행동이나 생활 방식, 혹은 취향 등에 영향을 미치는 것은 많다. 본능적인 반응, 사회적 학습, 오래된 습관, 심지어 생존을 위한 행동 생태학적 및 심리학적 영향까지, 사람의 행동이나 생활 방식, 취향에 영향을 미치는 요소들은 다양하다.

그런데도 이 모든 것을 뛰어넘어 사람의 행동과 삶에 가장 강력한 영향을 끼치는 것이 있다. 바로 믿음이다. '믿음이 행동하게 한다.'

믿음은 본능적 행동을 극복한다. 믿음은 자신을 보호하고 살고자 하는 심리나 생태학적 반응과 무관하게 행동할 수 있다. 다시 말해, '죽으면 죽으리라'는 결단을 내리게 한다. 믿음은 합리적인 이성과 살고자 하는 본능이나 심리적 욕구와 무관하게 자신의 믿음을 따라 선택과 결정을 한다. 그것도 자주 말이다.

때때로 믿음은 자신의 습관과 학습된 행동을 뒤엎기도 한다. 믿음은 다니엘과 사드락과 메삭과 아벳느고가 바벨론에서 받았던 '바벨론화 교육'을 초월한다.

믿음은 자신이 믿는 대상과 내용을 위해 자신의 삶을 송두리째 바꾸는 힘이 있다. 자기 삶의 안정과 출세를 보장해 줄 수 있는 것을 기꺼이 버리고, 아브라함처럼 어디로 가야 할지 갈 바를 알지 못하면서도 믿음으로 나아가게 한다. 또 아직 현실로 나타나지도 않고 보이지 않는 일에 하나님의 경고를 받았을 때 하나님을 믿고 경외함으로 묵묵히 방주를 준비했던 노아처럼 말이다.

왜 믿음이 행동을 지배하는가? 이유는 자신의 믿음에 근거하여 그것이 '옳다'라고 여기거나, 자신이 믿는 하나님과 예수님을 위해 선택과 결정을 하며 행동하기 때문이다.

믿음이 행동하게 하는 가장 극단적 사례는 바로 순교이

다. 요한계시록 20장 4절은 예수 그리스도와 함께 천 년 동안 왕 노릇 할 자들이 누구인지 분명히 밝히고 있다.

> 또 내가 보니 예수를 증언함과 하나님의 말씀 때문에 목 베임을 당한 자들의 영혼들과 또 짐승과 그의 우상에게 경배하지 아니하고 그들의 이마와 손에 그의 표를 받지 아니하는 자들이 살아서 그리스도와 더불어 천 년 동안 왕 노릇 하니(계 20:4)

이처럼 믿음은 자신의 목숨을 걸고 고난은 물론이요, 순교까지도 감수하게 한다.

믿음은 행함과 삶으로 나타난다

많은 사람들이 믿음을 말할 때 믿음을 마음과 이성의 문제로 다룬다. 마음에 믿어져야 한다든지, 혹은 논리적으로 그리고 과학적으로 이해되어야 믿는다는 식으로 말이다. 이러한 접근 방식은 믿음의 본질을 깊이 탐구하거나 이성적으로 이해하고자 할 때 유용하다.

하지만 일단 믿고 나면 그다음은 '믿음으로 행하는 것'

이다. 야고보는 자신이 사랑하는 성도들에게 이렇게 말했다.

> 내 형제들아, 만일 사람이 믿음이 있노라 하고 행함이 없으면 무슨 유익이 있으리요? 그 믿음이 능히 자기를 구원하겠느냐? 만일 형제나 자매가 헐벗고 일용할 양식이 없는데 너희 중에 누구든지 그에게 이르되 '평안히 가라, 덥게 하라, 배부르게 하라' 하며 그 몸에 쓸 것을 주지 아니하면 무슨 유익이 있으리요? 이와 같이 행함이 없는 믿음은 그 자체가 죽은 것이라. 어떤 사람은 말하기를 '너는 믿음이 있고 나는 행함이 있으니 행함이 없는 네 믿음을 내게 보이라. 나는 행함으로 내 믿음을 네게 보이리라' 하리라. 네가 하나님은 한 분이신 줄을 믿느냐? 잘하는 도다. 귀신들도 믿고 떠느니라. 아, 허탄한 사람아, 행함이 없는 믿음이 헛것인 줄을 알고자 하느냐?(약 2:14~20)

야고보는 말만 하고 행함이 없는 믿음은 믿는 자를 구원할 수도 없고, 아무 유익이 없다고 지적한다. 나아가 행함이 없는 믿음은 죽은 것이며 헛것이고, 심지어 귀신들이 믿는 것과 다를 바 없다고 강조한다. 단순히 아는 것에 그치고 행함이 없다면, 그것은 진정한 믿음이 아니다. 믿음은 반드시 행함으로 그 믿음을 나타낸다.

왜 야고보는 이처럼 믿음과 행함을 긴밀하게 연결하며, 행함을 그토록 강조하는가?

그 이유는 믿음은 단순하게 인정하고 동의하며 고백하는 그 이상이기 때문이다. 믿음은 단순히 사변적인 영역에 머무는 것이 아니라, 행함과 긴밀하게 연결된 실천적인 영역이다. 믿으면 반드시 행동으로 나타난다. 행동이 없는 믿음은 믿음이 아니다.

믿음과 행함의 관계는 사람의 실제 행동을 분석하면 잘 알 수 있다. 사람은 자신이 믿는 바에 근거해서 행동하고 믿는 것을 따라 행동한다. 이때 믿는 것은 진짜로 믿는 것을 말한다. 튼튼한 돌다리도 믿음이 안 가면 두드려보고 건넌다. 부실하게 보이는 다리도 아무 이상이 없다고 믿으면 서슴없이 건넌다. 믿기 때문에 이런 행동이 나오는 것이다.

우리나라에서 로또 복권 1등에 당첨 확률이 8,145,060분의 1에 불과하다. 당첨될 가능성이 얼마나 낮으면 '마른 하늘에서 벼락 맞는 것과 같다'고 말하겠는가? 그런데도 수많은 사람들이 당첨 가능성에 희망을 걸고 매주 로또 복권을 산다. 이유는 '내가 8,145,060분의 1의 행운을 잡을 수 있다'는 믿음이 있기 때문이다. 이 믿음이 복권 구매로 이어진다.

믿음이 행동으로 이어진다는 것은, 역으로 생각하면 행동이 곧 믿음의 결과라는 의미이다. 열매를 보면 나무를 알 수 있듯이 그 사람의 행동을 보면 그 사람의 믿음을 알 수 있다.

어떤 사람이 하나님을 믿는다고 말한다면, 그의 믿음이 진짜인지 아니면 믿는 척하는 것인지는 그의 행함으로 증명된다. 그가 진정으로 예수님을 자신의 구원자로 믿는지, 혹은 단지 믿고 싶어 하는지도 그의 행함을 통해 드러난다.

진정으로 예수님과 하나님을 믿는 사람은 그의 믿음이 행동으로 나타난다. 예수 그리스도가 유일한 구원자라고 믿는 사람은 그의 말과 행동으로 자신의 믿음을 증명한다. 예수님이 죄인을 구원하시는 유일한 분이심을 믿는다면, 예수님을 믿고 구원받으라고 자연스럽게 전도하게 된다. 여호와 하나님이 유일하신 살아계신 하나님이시며 자신의 하나님이시라고 믿는다면, 여호와 하나님을 경배할 수밖에 없다. 그래서 하나님을 믿는 그는 매 주일 하나님 앞에 나와 예배드리며 영광을 돌린다. 그리고 먹든지 마시든지 무엇을 하든지 하나님의 영광을 위해서 한다. 심지어 목숨이 위협받는 상황에서도 하나님을 예배한다. 이러한 행동은 '믿음이 그의 행함과 함께 작용'하기 때문이다(약 2:22).

믿음은 삶의 방식을 결정한다

사람은 자기가 믿는 바에 지배를 받는다. 사람은 자기가 믿는 바를 따라 행동하며 산다. 당신의 생각, 추구하는 것, 욕망, 그리고 행동까지도 당신이 믿는 것이 결정한다. 믿는 것과 상반된 행동은 불가능하다. 만일 믿는 바와 다르게 행동하면, 양심의 가책으로 괴로움을 겪게 될 것이다. 심할 경우 정신적, 심리적 고통은 물론, 육체적인 질병이나 정신 분열 현상까지도 발생할 수 있다.

사람은 누구나 자신이 불편한 것을 피하고 안정된 것, 편한 것을 따르려고 하므로 결국은 믿는 대로 행동한다. 따라서 당신의 믿음이 당신의 삶의 방향과 방식을 결정하는 핵심 동인이다. 당신을 움직이는 것은 결국 당신의 믿음이다.

여기서 중요한 것은 당신이 무엇을 믿느냐 하는 점이다.

당신이 믿는 것에 따라 삶의 방식이 달라지기 때문이다. 권력과 권세의 힘이 최고라고 믿는 사람은 정치를 따라간다. 재력의 힘이 자신의 안전과 행복을 보장한다고 믿으면 돈을 따라 산다. 우상과 미신을 믿는 것도 마찬가지다. 하나님과 예수님을 믿으면 하나님을 따라 산다.

단적인 예로, 당신의 소중한 돈을 어디에 투자하는지 생각해 보라. 당신은 철저하게 자신이 믿는 곳에 투자할 것이다. 이처럼 사람의 삶의 모든 것은 믿는 것을 따라 움직인다.

당신의 인생 집은 당신이 믿는 것으로 지어진다. 이것저것을 뒤섞어 믿는다면, 당신의 인생이라는 집은 덕지덕지 꿰맨 누더기처럼 불안정할 것이다. 헛된 우상을 믿으면 허무한 집을 짓는다. 그러나 하나님과 예수님을 믿으면 하나님의 집, 곧 예수님의 집을 짓는다.

하지만 약하게 믿으면 부실하고 약한 집이 되고, 강하고 굳게 믿으면 절대로 무너지지 않는 견고한 인생 집이 된다. 환난과 핍박이 와도 굳게 믿으면 당신의 인생 집은 흔들리지 않는다. 생사를 결정하는 위협에도 '나는 예수님을 부인할 수 없다. 그분은 하나님의 아들이며 나의 구원자라'고 믿는다면, 절대로 무너지지 않는 인생 집을 짓는다. 복음과 진리를 따라 사역하고 살면, 종말의 때에 불로 심판해도 없어지지 않는 보석 같은 인생 집을 짓는다(고전 3:12~14).

하나님을 믿으면 다르게 산다

하나님을 믿는 사람은 하나님을 자신의 모든 것으로 여긴다. 하나님의 말씀대로 될 것을 믿고 하나님의 약속이 성취되기를 소망한다. 삶의 모든 순간, 즉 먹든지 마시든지 무엇을 하든지 하나님을 위해 살고, 그분을 영화롭게 하며, 그분의 영광을 위해 산다. 이 목적과 목표를 위해 하나님이 기뻐하시는 뜻을 따라 삶의 방향을 설정한다.

땅에서 외국인과 나그네로 산다

하나님을 믿으면 자신이 믿는 하나님 때문에 삶의 방식이 달라진다. 아브라함은 가나안 땅에서 살 때 그 땅의 사람들과 다르게 살았다. 히브리서 11:13b과 16a를 보라.

> 또 땅에서는 외국인과 나그네임을 증언하였으니 … 그들이 이제는 더 나은 본향을 사모하니 곧 하늘에 있는 것이라.

아브라함은 가나안 땅에서 외국인과 나그네로 살았다. '외국인'이라는 말은 그 나라 사람이 아니다, 그 나라에 대한 시민권이 없다는 뜻이다. 시민이 아니기 때문에 마땅히 누려야 할 권리와 혜택을 누리지 못하며, 위험으로부터 보호받기도 어렵다. 말 그대로 나라와 상관없는 사람, 나라 밖의 사람인 셈이다.

'나그네'라는 말도 마찬가지다. 나그네는 '정착민'이나 '공동체 구성원'이 아니다. 잠시 머물 수는 있지만 곧 떠나는 사람이거나 혹은 지나가는 사람이다. 그가 '정착민'이 아니기 때문에 그 땅에 '정착해서 사는 사람'처럼 땅에 대한 소유권이나 어떤 권리 주장을 할 수 없다. 공동체 구성원이 아니기에 마을을 위해 어떤 의견을 낼 수도, 자기 의견이 받아들여지지 않는다고 불평하는 것도 의미가 없다.

히브리서 11:13b에서 "땅에서는 외국인과 나그네임을 증언하였다"라고 말한다. 누가 아브라함을 일컬어 땅에서 외국인이고 나그네라고 증언했는가? 가나안 땅에 사는 사람들이 아브라함을 그렇게 불렀는가? 아니다. 증언을 한 사람은 아브라함과 사라 자신이다. 아브라함은 '나는 누구인가?'라는 질문에 '나는 땅에서 외국인이고 나그네다'라는 정체성을 갖고 살았고, 이를 삶으로 증언했다.

하나님을 믿는 믿음의 사람은 자신이 누구인지를 분명하게 알아야 한다. 특히 세상과 관련하여 자신이 어떤 사람인지를 증언할 수 있어야 한다. "나는 예수님을 믿는 사람이다. 오는 세상을 기다리며 사는 사람이다."라고 증언할 수 있어야 한다. 아브라함처럼 세상 사람들에게 자신과 자신의 가족은 이 땅에서 외국인이고 나그네라고 말할 수 있어야 한다.

지금 자국의 시민임을 부정하라는 말이 아니다. 하나님과 예수님을 믿는 우리는 우리가 믿는 바가 있기 때문에 '우리가 사는 이 세상'에서 70년을 살든 80년을 살든 외국인과 나그네로 산다는 인식과 관점을 가져야 하고, 그것을 증언하며 살아야 한다는 것이다.

왜 그런가? 히브리서 11:14절에서 그 이유를 말한다.

> 그들이 이같이 말하는 것은 자기들이 본향 찾는 자임을 나타냄이라.

우리는 본향을 찾는 자들이다. 땅에 있는 본향이 아니라 하늘에 있는 본향을 찾는 자들이다. 이것을 '나타내기 위해서' 땅에서는 외국인이고 나그네라고 증언하는 것이다.

아브라함과 사라가 그랬고, 이삭과 야곱이 그러했으면 모세와 여호수아가 그러했다. 그리고 오늘날 믿음으로 사는 사람들도 이 땅에서 살 때 스스로를 가리켜 외국인이고 나그네라고 말한다.

"우리는 이 땅에서 외국인이고 나그네이다. 우리가 추구하고 열망하는 것들은 땅에 속한 것이 아니다. 우리가 누리고자 하는 권리와 혜택, 그리고 보호는 땅으로부터 오는 것이 아니다. 우리의 본향은 이 땅에 있지 않다. 우리의 시민권은 땅에 있지 않다. 우리는 이 땅에 있는 것보다 더 나은 본향을 사모하는 사람들이다. 우리의 본향은 하늘에 있는 본향이요, 우리의 시민권은 하늘에 있는 시민권이다. 우리가 추구하고 누리기를 원하고 사모하는 것은 바로 하늘의 시민으로서 누리는 권리와 혜택과 하나님의 보호이다."

'증언했다'는 말은 '인정하다', '고백하다'는 뜻이다. 언제 어디서든지 자신은 외국인이고 나그네라고 인정했다. 주변 사람이 "당신은 왜 그렇게 삽니까?"라고 물으면 "나는 이 세상에서 외국인이고 나그네이기 때문입니다. 나는 땅에 있는 본향이 아닌 하늘에 있는 본향을 향해 가는 사람입니다. 그래서 이렇게 삽니다"라고 증언했다는 뜻이다.

그러므로 삶의 방식이 다를 수밖에 없다. 땅에 정착하기 위해 사는 사람과 하늘 본향을 향해 사는 사람은 다를 수밖에 없다. 땅에 소망을 두고 사는 사람과 하늘에 소망을 두고 사는 사람은 다르게 살 수밖에 없다. 땅의 것보다 하늘의 것을 추구하고 땅의 시민권보다 하늘의 시민권을 갖고 사는 사람이기 때문에 생활이 다르고 삶의 방식이 다르다.

아브라함은 땅에 살면서 외국인이요 나그네로 살았기 때문에 땅의 것을 소유하기 위해 안간힘을 쓰거나 그것을 소유하지 못했다고 해서 불행하다고 생각하지 않았다. 잠시 머물다가 가는데 무슨 미련이 있겠는가? 머무는 동안 잘 살았으면 그것으로 감사하고 만족한 것이다.

다만, 아브라함의 아내 사라가 죽었을 때 아브라함은 소할의 아들 에브론에게 그가 가지고 있는 막벨라 굴을 사서 묘지로 사용했다. 에브론이 막벨라 굴뿐만 아니라 그 굴이 있는 밭까지 그냥 공짜로 주겠다고 했지만, 아브라함은 굳이 마을 법정을 열어서 모든 헷 사람이 보는 앞에서 에브론의 밭과 그 안에 있는 굴과 그 밭의 경계에 있는 모든 나무까지 은 사백 세겔을 주고 자기 소유로 만들었다. 그리고 막벨라 굴에 자기 아내 사라를 안장하였다.

아브라함이 이렇게 한 이유는 그가 이 땅에서 외국인이고 나그네로 살았기 때문이고, 늘 이 사실을 증언하며 살았기 때문이다. 그런데 사라가 죽음으로 인하여 장지가 필요했고, 공짜가 아닌 돈을 주고 사서 자신이 그들의 형제가 아닌 외국인이고 그들의 공동체 일원이 아닌 나그네라는 것을 보여준 것이다.

하나님을 믿는 사람은 이 세상을 보고 사는 사람이 아니다. 이 세상에 소망을 두고 살지 않는다. 하나님을 믿는 사람은 땅에 재물을 쌓지 않고 하늘에 재물을 쌓으며 하늘의 본향을 사모하며 사는 사람이다. 하나님을 믿는 사람은 이 세상 나라의 시민권에 연연하지 않는다. 다만 하늘의 시민권을 갖고 하늘의 시민으로 산다.

땅에 집착하지 않고 하늘에 집착하는 이유가 여기에 있다. 땅의 것들이 아닌 하늘의 것에 행복해하는 이유도 마찬가지다.

땅의 것을 찾는 사람과 하늘의 것을 찾는 사람이 어찌 같을 수 있으며, 땅의 것을 바라보고 사는 사람과 위에 것을 바라보고 사는 사람의 삶의 방식이 어떻게 같을 수 있겠는가? 땅의 시민이 사는 방식과 하늘의 시민이 사는 방식이 다르다. 달라도 너무 다를 수밖에 없다.

그래서 하나님을 믿고 예수 그리스도를 믿는 사람들은 세상 사람들로부터 '왜 너희는 우리처럼 살지 않으냐? 너희들의 소망이 무엇이냐?'라는 질문을 받을 수밖에 없다.

땅에서 정직하고 성결하게 산다

다른 것은 살면서 목표로 하고 추구하는 것뿐만 아니라 생활하는 방식도 다르다. 특히 윤리적이고 도덕적인 측면에서도 완전히 다르다. 하나님을 믿는 사람은 이 세상을 살 때 정직하게 산다. 그가 믿는 하나님이 진실하시고, 정직하며, 성결하시고, 거룩하신 하나님이시기 때문이다.

요셉이 보디발의 집에 노예로 팔려가 보디발의 전 재산을 관리하는 가정 총무가 되었을 때 왜 자기 재산을 축적하지 않고 성실하게 일했는가? 보디발의 아내가 동침하자고 했을 때 왜 그것을 거부하고 도망쳤는가? 그가 억울하게 감옥에 갇혀서 사무 일을 할 때 왜 원망과 불평하지 않고 열심히 일을 했는가? 요셉이 하루아침에 애굽의 총리가 되어 애굽 전역에 비상식량을 비축할 때 왜 쌀 한 톨도 뒤로 빼돌리지 않았는가? 그 이유가 무엇인가?

그것은 그가 하나님을 믿기 때문이다. 요셉이 창세기 39:9절에서 이렇게 말했다.

내가 어찌 이 큰 악을 행하여 하나님께 죄를 지으리이까?

이 한마디에서 요셉이 세상 사람들과 다르게 살 수밖에 없는 그의 삶의 철학을 알 수 있다.

그리스도인은 세상에 살고 있지만 세상 사람들과 다른 사람들이다. 하나님을 믿는 자는 세상에 소속된 사람이 아니라 하나님에게 속한 사람이다. 그는 '세상의 사람'이 아니라 '하나님의 사람'이요 '예수 그리스도의 사람'이다. 그래서 다르게 사는 사람이다. 이점을 간과하지 말아야 한다.

얼굴이나 생김새나 사회 활동을 하는 것은 비슷하지만, 믿는 대상이 다르고 삶의 기준과 원칙이 다르다. 이 땅에서 살지만 추구하는 가치가 다르고 소속이 다르기 때문에 다르게 산다.

이렇게 다름을 망각하고 하나가 되려고 하거나, 같아지려고 하는 것은 크게 실수하는 것이다. 이는 근본적으로 할 수 없는 것을 시도하는 것이기 때문이다.

고린도후서 6:14~16절에서 말씀하신 바처럼 의와 불법이 함께 할 수 없고, 빛과 어둠이 사귈 수 없으며, 그리스도와 벨리알이 화합할 수 없는 것처럼, 믿는 자와 믿지 않는 사람이 같을 수 없다. 하나님의 성전이 우상과 일치할 수 없고 거룩한 것이 부정한 것과 하나가 될 수 없다. 그리스도인은 살아계신 하나님을 믿는 사람이고 여호와 하나님이 그의 하나님이시며 그는 하나님의 백성이다.

세상 방식이 아닌 하나님의 방식으로 산다

그리스도인은 세상 사람과 근본적으로 다른 사람이기 때문에 삶의 방식도 다를 수밖에 없다. 사도 바울은 이 사실을 강하게 말한다.

> 그러므로 형제들아, 내가 하나님의 모든 자비하심으로 너희를 권하노니 너희 몸을 하나님이 기뻐하시는 거룩한 산 제물로 드리라. 이는 너희가 드릴 영적 예배니라. 너희는 이 세대를 본받지 말고 오직 마음을 새롭게 함으로 변화를 받아 하나님의 선하시고 기뻐하시고 온전하신 뜻이 무엇인지 분별하도록 하라(롬 12:1~2).

이 말씀에서 '이 세대를 본받지 말라'는 말씀은 '이 세대를 따라 하지 말라', '세상을 흉내 내지 말라'는 뜻이다. 다시 말하면 이 세대와 다르게 살아야 한다는 것이다.

하나님을 믿는 믿음을 가진 사람은 이 세대를 따라가지 않는다. 세상의 삶의 방식을 따라 하거나 그 방식에 자신을 끼워 맞춰서 세상 사람들처럼 되려고 하지 않는다. 세상 사람들이 추구하는 것들이나 그들이 쟁취하려는 것들을 가지려고 하지 않는다. 참된 믿음을 가진 사람은 세상 사람들이 목표로 삼는 것들을 향해 달려가지 않는다.

오히려 세상 방식으로 사는 것을 포기하고 대신에 하나님의 방식으로 사는 것을 선택한다. '하나님의 선하시고 기뻐하시고 온전하신 뜻이 무엇인지를 분별하고' 하나님의 뜻을 따라 산다. 삼위 하나님을 추구하고 하나님을 영화롭게 하는 것을 가장 큰 즐거움과 기쁨으로 여긴다.

진정한 그리스도인이 어떤 방식으로 살아가는지 생각해 보라. 그들의 삶은 세상의 방식과 얼마나 다른지 쉽게 알 수 있을 것이다. 진정한 그리스도인은 거짓을 말하지 않고 정직하며, 진실하고 솔직하다. 공의와 정의를 중요하게 여기며 불의와 부정을 혐오한다. 선하고 거룩하며 순수한 것을 좋아하고, 악하고 부정한 것은 그 모습조차 싫어한다. 참으로 하나님을 믿는 사람은 도덕적이고 윤리적인 삶을 산다.

이유가 무엇인가? 그것은 자신이 믿고 섬기는 하나님께

자신의 몸을 거룩한 산 제물로 드리며 생활하기 때문이다.

왜 하나님을 믿는 사람이 세상을 본받으려고 하는가? 예수 그리스도를 자신의 구원자로 믿는 사람이 예수님을 따라 살려고 하지 않고 이 세대의 삶의 방식을 따라 살려고 하는가? 왜 세상 사람들처럼 되지 못해서 안달하는가?

그리스도인들은 정신 차려야 한다. 자신이 누구인지, 자기 정체성을 분명히 해야 한다. 세상에 살지만 세상 사람들과 다르다는 인식과 태도를 확실하게 가져야 한다. 그리고 이 세대를 본받아 사는 것을 거부하고 예수님을 따라 살아야 한다. 세상을 본받지 말고 예수님을 본받아야 한다. 세상의 길이 아닌 하나님의 길로, 예수 그리스도께서 남기신 자취를 따라가면서 예수님의 길로 가야 한다.

세상 사람들과 다르게 산다고 기죽을 필요가 없다. 그들과 다르다는 것을 이상하게 생각할 필요도 없다. 우리는 하나님을 믿는 사람들이고 예수 그리스도를 믿는 사람들이다.

'믿는 것이 다르니 삶의 기준도 다르다.' 하나님을 믿는 사람은 삶의 기준이 하나님이 된다. 세상과 다른 방식, 즉 하나님이 기뻐하시고 영광을 받으시는 방식으로 삶을 산다. '믿는 것이 다르니 사는 것도 다르다.' '믿는 것이 다르니 가는 인생길도 다르다.' 물론 인생 종착지도 다르다.

하나님의 말씀에 순종하며 산다

하나님을 믿는 사람의 삶의 방식이 세상 사람들과 다른 근본적인 이유는 무엇일까? 그것은 바로 하나님의 입에서 나온 말씀으로 살기 때문이다. 하나님의 말씀은 믿는 자의 신앙과 행위의 유일한 법칙으로 작용하며, 이는 삶의 결정적인 순간에 확연히 드러난다.

사드락과 메삭과 아벳느고가 느부갓네살 왕이 만든 금 신상에 절하지 않은 이유는 무엇일까? 그들은 절을 하면 살 수 있고 절하지 않으면 풀무불에 던져져 죽는다는 것을 분명히 알았다. 그럼에도 불구하고 그들이 금 신상에 절하지 않은 까닭은 무엇인가? 그것은 그들이 여호와 하나님만이 살아계시는 하나님이시요, 하나님께서 우상에게 절하지 말고 하나님만 경배하라고 말씀하셨기 때문이다.

다리오 왕 때 다니엘은 메대 나라의 최고 총리가 되었다. 이것을 시기했던 다른 총리들과 관리들이 다니엘을 고발할 근거를 찾았다. 하지만 다니엘이 맡은 국사를 처리함에 있어 그릇됨도 없고 아무 허물도 없었다.

그 이유는 다니엘이 하나님의 말씀에 철저히 순종하여 왕에게 충성했고, 권세를 이용해 자신을 위한 어떠한 부당 이득도 취하지 않았기 때문이다. 다니엘을 시기하던 자들이 '그 하나님의 율법에서 근거를 찾지 못하면 그를 고발할 수 없으리라'(단 6:4~5)고 말할 정도였다. 그만큼 다니엘은 하나님의 율법(말씀)을 철저하게 지킴으로써 당시 바벨론 관리들과는 완전히 다른 청렴한 삶을 살았다.

그리스도인들을 특별하고 다른 존재로 만드는 것은 믿음이다. 그렇지만 그리스도인들의 '사는 모습'을 세상 사람들과 다르게 만드는 것은 하나님의 말씀에 대한 '순종'이다.

당신이 하나님의 입에서 나온 말씀으로 살면 당신은 세상 사람들과 구별될 수밖에 없다. 당신이 예수님의 가르침대로 살면 살수록 세상 사람들과 다르다는 것이 드러난다.

당신의 삶에서 이러한 '다름'이 드러나지 않는다면, 그것은 하나님의 선하시고 기뻐하시고 온전하신 뜻이 무엇인지 분별하지 않고 살기 때문일 수 있다. 다름이 드러나면 옆에 있는 사람이 당신을 이상한 사람으로 보거나, 불편하게 생각할 수 있다. 또는 존경할 수도 있다. 이것은 당신이 하나님의 말씀과 예수 그리스도의 가르침 대로 살기 때문이다. 하나님의 입에서 나온 말씀으로 사는 삶이 당신으로 하여금 세상 사람과 다르다는 것을 보여주고, 드러낸다. 하나님의 선하시고 기뻐하시고 온전하신 뜻이 무엇인지 분별하며 살 때 '다름'이 확연하게 나타난다.

하나님을 믿는 사람은 하나님의 모든 것을 신뢰한다. 하나님이 존재하심과 자신을 찾는 자들에게 상 주심을 믿고, 하나님이 행하시는 일들과 약속, 그리고 명령하신 것들, 심지어 가볍게 말씀하시는 것까지도 믿는다. 하나님이 신실한 분이라는 것을 믿기 때문에 그분의 말씀에 순종함으로 응답한다.

하나님의 말씀은 문자로 기록되었다. 우리가 성경책이라고 부르는 것이 하나님의 말씀이다. 이 말씀은 세상에 통용되는 진리와 다른 점이 많다. 물론 세상 사람들이 말하는 것과 일치하거나 유사한 것들도 있지만, 도무지 함께할 수 없는 말씀들도 많다. 그래서 하나님을 믿는 사람들은 세상 사람들과 다르게 산다.

환경을 따라 살지 않고 믿음을 따라 산다

대부분의 사람은 환경이나 상황에 순응하며 산다. 때로

는 이를 운명으로 받아들이기에, 삶은 환경이라는 울타리 안에서 벗어나지 못하는 경우가 많다.

이스라엘 백성이 가데스 바네아에서 12명의 정탐꾼을 40일 동안 가나안 땅에 보내 정탐하게 했다. 그들의 보고를 들었을 때, 10명의 정탐꾼은 가나안 땅에 살고 있는 아낙 자손들을 보고 그들은 거인이고 자신들은 메뚜기라고 말했다. 그들의 성읍을 보고 도저히 무너뜨릴 수 없는 견고한 성이라고 했다. 하나님이 주신 약속의 땅으로 올라가면 모두 죽게 되는 '죽음의 땅'이라고 말했다. 이 10명의 정탐꾼은 눈앞의 상황과 환경에 짓눌려 있었다. 결국 그들은 하나님이 주신 땅으로 들어가기를 포기하고 백성들을 애굽으로 되돌아가자고 선동하기에 이르렀다.

하지만 여호수아와 갈렙은 달랐다. 그들은 눈에 보이는 환경만을 보지 않았다. 그들이 처한 상황 때문에 포기해야 한다고 주장하지 않았다. 이 두 사람은 오직 여호와 하나님을 믿었으며, 담대하게 외쳤다. '가나안 사람들의 신은 그들을 떠났지만, 여호와는 우리와 함께하신다! 우리는 그들 앞에서 메뚜기가 아니다! 신장이 거대한 아낙 자손들이야말로 우리의 밥이요, 먹잇감이다!' 그들은 옷을 찢으면서까지, 하나님이 주신 땅은 거민을 삼키는 죽음의 땅이 아니라 '젖과 꿀이 흐르는 생명의 땅'이라고 소리쳤다.

여호수아와 갈렙은 현재 자신들 앞에 펼쳐진 상황이나 환경만 본 것이 아니다. 이 두 사람은 환경과 상황 이면에 계시는 여호와 하나님을 신뢰했다. 하나님께서 함께하시고 도우시리라는 것을 확신했으며, 가나안 땅을 주시면 자신들의 기업이 되리라는 것을 굳게 믿었다. 이 믿음이 있었기 때문에 "여호와를 거역하지 말라. 또 그 땅 백성을 두려워하지 말라"(민 14:9)라고 외쳤다.

우리는 지금까지 살아오면서 얼마나 많이 환경 탓을 하고 상황이 여의찮다고 말하면서 믿음 없는 행동을 했던가!

이제는 더 이상 이런 핑계를 대지 말아야 한다. 환경 때문에 마땅히 해야 할 우리의 사명을 회피하지 말아야 한다. 대신에 우리는 세상의 모든 것을 주관하시는 하나님, 우리 앞에 펼쳐진 환경이나 상황까지도 통치하시는 하나님을 믿고 믿음으로 살아야 한다. 요단강이나 여리고 성 앞에서 우리 힘으로 안 된다고 주저앉지 말고, 믿음으로 하나님의 법궤를 매고 전진해야 한다.

믿음은 반드시 행동으로 나타난다. 참믿음은 머릿속으로 생각만 하거나 말만 하는 믿음이 아니라 '행동하는 믿음'이다. 참믿음은 환경과 상황 때문에 남을 탓하거나 불가능하다고 주저앉는 것이 아니라 '믿음으로 움직이며 시도하고 행동하는 믿음'이다.

요한복음 5장을 보면 베데스다 연못 주위에는 수많은 병자가 있다(요 5:1 이하 참조). 이는 가끔 천사가 내려와 연못의 물을 움직일 때, 물이 동한 후 가장 먼저 들어가는 사람은 어떤 병에 걸렸든지 낫게 된다는 전설이 있었기 때문이다.

각종 병자들이 자기 병을 고치기 위해 베데스다 연못 주위를 빙 둘러 진을 치고 있다. 물이 움직인 후에 제일 먼저 물에 뛰어들어야 하므로 병든 자를 도와주는 가족이나 도우미도 있다. 이런 병자 중에 38년 된 병자가 있다.

이 사람은 병이 오래되었고 심지어 자기 스스로 움직일 수도 없는 사람이다. 더구나 이 사람을 도와줄 사람도 없다. 이 사람의 상황을 보면 아무런 희망이 없다. 그렇지만 38년 된 병자는 실낱같은 희망을 품고 물이 움직이기를 기다리고 있다. 그때 예수님께서 그 사람에게 다가가 이렇게 묻는다.

"네가 낫고자 하느냐?"

"주여, 물이 움직일 때 나를 못에 넣어 주는 사람이 없어 내가 가는 동안에 다른 사람이 먼저 내려가나이다."

이 병자는 자신의 무기력한 상황과 도와줄 사람이 없음

을 탓하며, 다른 사람이 자신보다 훨씬 빨리 물에 들어간 다고 환경을 탓하는 대답을 했다.

예수님은 이 사람이 처한 환경, 그를 도와줄 사람이 없 다는 것과 그가 빨리 움직이지 못한다는 것에는 아무런 관 심이 없다. 예수님의 관심은 오직 하나, '네가 낫고 싶으 냐?'이다.

그런데 생각해 보라. 병든 사람이, 그것도 38년 동안 병 때문에 고생한 사람이 어찌 낫고 싶지 않겠는가? 낫고 싶 으니까, 천사가 내려와 물을 움직인다는 베데스다 연못에 살고 있는 것이 아니겠는가? 예수님께서 '네가 낫고 싶으 냐?'고 묻는 물음은 그가 얼마나 간절한지를 알려고 물으 신 것이다.

이처럼 간절함은 종종 믿음의 행동과 밀접하게 연관된 다. 예수님의 말씀이 병자의 간절한 마음에 닿아 행동으로 이어지는 것처럼 말이다. 예수님은 이 사람에게 이렇게 말 씀한다.

"네 자리를 들고 걸어가라."

'네 자리를 들고 걸어가라'는 말씀은 '네가 낫고 싶으 냐?'는 물음보다 더한 말씀이다. 걷지 못하여 물이 움직여 도 다른 사람보다 먼저 들어갈 수 없는 그에게, 예수님은

'네 자리를 들라. 그리고 걸어가라'고 명령하셨기 때문이다.

38년 된 병자의 상황에서 보면, 그는 자기 자리를 들 수도 없고 더구나 걸어갈 수도 없다. 만일 그가 자기 자리를 들고 걸어갈 수 있다면, 베데스다 연못에 있을 필요가 없는 사람이다. 그렇게 움직이고 싶어도 움직일 수 없기 때문에 베데스다 연못 가에 있는 것이 아닌가?

하지만 38년 된 병자의 마음에 큰 변화가 일어났다. 처음에는 자신의 처지를 탓하고 도와줄 사람이 없음을 탓하고 환경을 탓했던 그가 예수님의 말씀을 듣더니 자신의 처지와 상황을 초월하는 행동을 한다. 자리를 들지 못하는 처지인데도 자리를 드는 행동을 하고, 움직이지 못하는 상태인데도 걸어가려고 행동한다.

낫고 싶은 마음이 간절한 사람은 스쳐 지나가는 사람이 하는 괜한 이야기에도 희망을 건다. 그리고 간절한 바람은 '이렇게 하면 낫겠구나'하는 믿음으로 이어진다. 또 믿음은 행동으로 나타나고 행동으로 완전해진다. 믿음이 행동하게 하고 믿음의 행동으로 그 믿음이 완성된다(약 2:22).

사실 예수님은 "네 자리를 들고 걸어가라"라고 말씀하실 때 이미 그의 병을 고쳐주셨다. 다만, 그의 믿음과 믿음의 행동만 남았을 뿐이다.

38년 된 병자는 예수님이 하신 말씀을 믿었다. 그리고 자신의 상태나 처지를 생각하지 않고 믿음으로 움직였다. 손을 뻗어 자기가 깔고 누운 자리를 들었다. 그리고 '걸어가라'는 말씀대로 믿음으로 일어섰다. 그리고 움직이지 않는 다리를 움직여 걸었다.

간절한 바람이 믿음으로 나타나고, 마침내 믿음이 행동으로 완성되었다. 그리하여 38년 된 병자가 자기병을 고침받고 걷게 된 것이다. 38년 동안 일어나지도 못하고 걷지도 못한 사람이 걷고 뛰게 되었다.

왜 믿음을 가진 사람은 사는 방식이 다른가? 그것은 그들이 환경이나 상황에 매여 살지 않고, 오직 믿음으로 살기 때문이다. 자신의 상태나 처지를 탓하며 주저앉는 대신, 믿음으로 담대하게 도전하고 행동하는 사람이기 때문이다.

눈에 보이지 않는 것을 믿음으로 보고 산다

히브리서 11:1절에서 믿음이 무엇인지 이렇게 정의한다.

> "믿음은 바라는 것들의 실상이요, 보이지 않는 것들의 증거니"

믿음은 '실상'이다. '실상'은 확고한 확신을 뜻한다. 믿음은 바라는 것들에 대한 확신이다.[1]

그리고 믿음은 '보이지 않는 것들의 증거다'. '증거'는 '확증', '증험'을 의미한다. 증험은 시험해 보고 사실 여부, 가능 여부, 효험 여부를 증명하는 것이다. 믿음은 보이지 않는 것들을 보고 그것을 확증하는 것이다.[2]

무엇으로 그 믿음을 증험하고 확증할 수 있을까? 바로 행동이다. 믿음은 눈에 보이지 않는 것을 신뢰하며, 자신이 믿는 바대로 행동함으로써 그 믿음을 증명하고 확인케 한다.

그렇기 때문에 참믿음을 가진 사람은 눈에 보이는 것만 보고 행동하는 사람이 아니다. 이미 이루어진 것, 실현된 것, 나타난 것, 눈으로 볼 수 있는 것, 혹은 논리적으로 증명되고 과학적으로 입증된 것만 믿는 것이 아니다. 참된 믿음은 눈에 보이지 않는 것들조차 받아들이며, 아직 이루어지지 않았지만 반드시 이루어질 것을 소망하고 확신한다. 눈에 보이지 않는 하나님과 그분의 나라도 믿고, 아직 실현되지 않은 하나님의 약속도 성취될 것으로 확신한다. 그리고 자신이 믿는다는 것을 자신의 행동으로 분명히 증명하고 드러낸다.

참믿음을 가진 사람은 '입증되고 증명되었기 때문에' 행동하는 사람이 아니다. 그는 '믿기 때문에' 행동하는 사람이다. 진정으로 믿는 사람은 '육신의 눈으로 보기 때문에' 행동하는 사람이 아니라 '믿음으로 행동하는' 사람이다. 과학적이어서 행동하는 것이 아니라 믿기 때문에 행동하는 사람이다. 그래서 고린도후서 5:7절에서 "이는 우리가 믿음으로 행하고 보는 것으로 행하지 아니함이로라"라고 말씀한다.

보이지 않는 것을 보고 행동하는 것이 터무니없는 말처럼 들린다. 여기서 '보이지 않는 것을 본다'고 할 때 보는 것은 사물을 보고 판단하는 육체의 눈, 오감 중 하나인 '시각'을 말하는 것이 아니다. 보이지 않는 것을 보는 것은 감각의 영역 밖의 것을 말한다. 설명이 모호할 수 있는데 '마음의 눈', '영적인 눈'으로 보는 것이다. 다시 말하지만, 감각의 영역에서 보는 것이 아니라 마음에서 보고 이해하고 깨닫고 '믿는 것'이다. 성경은 이것에 대해 이렇게 말한다.

사람의 일을 사람의 속에 있는 영 외에 누가 알리요. 이와 같이 하나님의 일도 하나님의 영 외에는 아무도 알지 못하느니라. 우리가 세상의 영을 받지 아니하고 오직 하나님으로부터 온 영을 받았으니 이는 우리로 하여금 하나님께서 우리에게 은혜로 주신 것들을 알게 하려 하심이라. 우리가 이것을 말하거니와 사람의 지혜가 가르친 말로 아니하고 오직 성령께서 가르치신 것으로 하니 영적인 일은 영적인 것으로 분별하느니라. 육에 속한 사람은 하나님의 성령의 일들을 받지 아니하나니 이는 그것들이 그에게는 어리석게 보임이요, 또 그는 그것들을 알 수도 없나니 그러한 일은 영적으로 분별되기 때문이라(고전 2:11~14).

사람의 일이 있고 하나님의 일이 있다. 육체에 속한 일이 있고 성령의 일이 있다. 육적인 일이 있고 영적인 일이 있다. 그리고 세상의 영이 있고 하나님의 영이 있다.

그런데 문제는 '영적인 일은 영적인 것으로 분별한다'는 것이다. 사람의 일, 육체에 속한 일, 육적인 일은 영적인 것의 도움 없이도 알고 이해하고 분별할 수 있다.

그러나 하나님의 일이나 영적인 일은 육적인 눈이나 세상의 영으로는 분별할 수 없고 알 수도 이해할 수도 없다.

하나님은 물론이요, 하나님 안에 있는 것, 그리고 하나님이 하시는 일은 반드시 세상의 영이 아닌 하나님의 영으로만 보고 알며 이해하고 확신할 수 있다. 우리 얼굴에 있는 눈, 감각적인 시각으로 이해하려고 접근하면 하나님과 하나님의 일은 어리석게 보일 것이다. 이유는 하나님의 영(성령)을 받지 않았기 때문이고 알 수도 이해할 수도 없어서 그렇다.

핵심은 이것이다. 하나님을 진실로 믿는 사람은 눈에 보이는 것만 좇는 사람이 아니다. 그는 자신이 믿는 믿음 때문에, 다시 말하면 눈에 보이지 않는 것들도 마음의 눈, 영적인 눈으로 보고 믿으며 좇는 사람이다.

왜 믿는 자는 일반인과 다르게 사는가? 그것은 육신의 눈에 보이지 않는 하나님을 따라 살고, 성령을 좇아 살며, 이 땅에 있는 것이 아닌 하늘의 것을 보고 살기 때문이다.

왜 믿음을 가진 그리스도인들은 유별나게 행동하는가? 하나님의 말씀에 순종하며 살기 때문이다. 세상 방식이 아닌 하나님의 방식, 즉 하나님의 선하시고 기뻐하시고 온전하신 뜻이 무엇인지 분별하며 살고, 자신을 거룩한 산 제물로 하나님께 드리며 살기 때문이다.

그리스도인은 하나님과 예수님을 믿기 때문에 불의와

타협하지 않고 정의와 공의를 행하며 산다. 불법과 편법을 능력이라고 여기지 않고 정직하게 하나님의 법을 지키며 산다. 남의 것을 가질 수 있는 것을 기회라고 생각하지 않고 공공의 이익과 이타적인 삶을 산다.

훗날 하나님 앞에 설 때 부끄럽지 않기를 바라기 때문에 오늘 자신에게 주어진 일과 역할과 사명에 충성하며 산다. 악착같이 자기 것으로 삼고 사치하는 생활을 하지 않고, 선을 베풀고 낮은 자리에서 섬기며 산다. 이 땅에 재물을 쌓기보다 하늘에 재물을 쌓는 것을 기뻐한다.

그리스도인은 육신의 정욕, 안목의 정욕, 이생의 자랑, 그리고 허탄한 것들을 자랑하지 않는다. 대신 예수 그리스도의 십자가와 구원, 그리고 자신의 약함을 자랑하며 살아간다.

그리스도인은 현실과는 다르지만, 장차 이루어질 일, 다시 말하면 예수님이 다시 오실 것과 생명의 부활과 하나님의 최종적인 심판을 보고 사는 사람이다.

그래서 믿음을 가진 사람은 세상의 사람과 다르게 살 수밖에 없다. 그의 믿음이 그의 삶의 방식을 결정하기 때문이요 믿음이 그로 하여금 세상 사람과 다르게 살도록 작용하기 때문이다.

12.
믿음은 믿는 만큼 힘을 발휘한다

히브리서 11:17~19

믿음은 얼마나 강하냐, 세냐가 중요한 것이 아니다. 믿음은 믿느냐 믿지 않느냐, 또는 믿음이 있느냐 없느냐에서 출발한다. 또한 믿음이 있다면, 그가 얼마나 굳게 믿고 견고하게 신뢰하며 의지하는지를 중요하게 본다. 혹은 부분적으로 믿는지 아니면 전적으로 믿는지를 살피기도 한다.

물론 베드로처럼 처음에는 굳게 믿었다가 파도를 보고 의심이 들어 물에 빠지는 경우도 있고, 도마처럼 창에 찔린 예수님의 옆구리와 못이 박힌 손과 발에 자신의 손가락을 넣어 봐야 믿겠다는 경우도 있다. 전적으로 믿지 못하고 부분적으로 믿는 경우도 있고, 지속적으로는 믿지 못하고 일시적으로 믿는 경우도 있다.

그래서 얼마만큼 믿냐고 말할 때는 얼마나 굳게 신뢰하

고 의지하느냐, 혹은 얼마나 전적으로 믿느냐를 말하는 것이다. 믿음은 자신이 '믿는 만큼 힘을 발휘한다'는 말도 같은 의미다. 믿는 자가 '굳게 신뢰하고 의지하는 만큼' 믿음의 결과를 경험한다.

믿음의 삶과 능력은 믿음에 비례한다

믿음의 결과는 믿는 정도에 비례한다. 이 사실을 사도행전 19:1~16절에 기록된 에베소 교회의 일화를 통해 분명히 알 수 있다.

아볼로가 에베소 사람들에게 세례요한의 세례를 베풀었다. 세례를 받은 사람들 중에는 성령에 대해 듣지도 알지도 못했으며, 성령을 받지도 못했다. 그때 사도 바울이 예수님을 자세히 전해 주고 또 '주 예수의 이름으로 세례'를 베풀며 안수했다. 그러자 예수님을 믿는 자들에게 성령이 임하고, 방언과 예언을 하기 시작했다.

바울이 에베소에 머물면서 두란노 서원에서 날마다 하나님 나라와 복음에 대해서 강론했다. 그러자 믿는 자들에게 하나님의 능력이 강력하게 나타났다. 심지어 사람들이 바울의 몸에서 손수건이나 앞치마를 가져다가 병든 사람에게 얹으면 그 병이 떠나고 악귀도 나갔다(행 19:11~12).

이것을 목격한 어떤 유대 마술사들과 제사장 스게와의 일곱 아들들이 있었다. 그들은 바울을 흉내 내어 악귀 들린 자에게 "내가 바울이 전파하는 예수를 의지하여 너희에게 명하노라" 하고 명령하며 귀신을 쫓아내려고 했다.

> 이에 돌아다니며 마술하는 어떤 유대인들이 시험삼아 악귀 들린 자들에게 주 예수의 이름을 불러 말하되 내가 바울이 전파하는 예수를 의지하여 너희에게 명하노라 하더라(행 19:13)

그러자 악귀 들린 사람이 "내가 예수도 알고 바울도 아는데 너희는 누구이냐?"라고 말하면서 스게와의 일곱 아들들에게 뛰어올라 그들을 모조리 때려눕혔다. 그들은 큰 상처를 입고 벗은 몸으로 자기 집으로 도망을 쳤다.

악귀를 쫓고 온갖 병든 사람들을 고치는 것을 바울은 할 수 있는데 왜 마술을 행하던 유대인들과 제사장의 아들들은 하지 못했는가? 왜 귀신을 제압하지 못하고 도리어 귀신에게 제압당하고 상처를 입었는가? 그것은 예수님을 믿는 믿음이 없기 때문이다.

이처럼 믿음의 유무와 크기가 영적인 능력뿐만 아니라 신앙의 삶에 직접적으로 영향을 미친다. 믿음이 없으면 능력을 행할 수 없고, 믿음이 작으면 그 능력 또한 작게 나타난다. 능력은 믿음의 정도에 비례한다.

믿는 만큼 힘을 발휘한다는 진리는 변화산 아래에 있던 제자들에게서도 확인할 수 있다. 예수님께서 변화산에 올라가 변형되신 후에 산 아래로 내려오셨다. 그때 산 아래 남아 있던 제자들은 간질로 고생하는 아이를 놓고 당황해서 어찌할 바를 몰랐다. 그 아버지는 제자들이 아들을 고쳐줄 줄 알고 데려왔지만, 제자들은 귀신을 쫓아내지 못했다(막 9:17~18). 예수님은 이 광경을 보고 믿음이 없는 세대라고 안타까워하셨다. 예수님은 그 자리에서 아이에게 들려 있는 귀신을 쫓아내고 아버지에게 주었다.

제자들은 사석에서 예수님께 조용히 물었다. "예수님, 왜 우리는 그런 능력을 행하지 못합니까?" 이때 예수님은 두 가지를 말씀하셨다. 하나는 기도로 이런 종류가 나갈 수 있다(막 9:29)는 것이고, 또 다른 하나는 믿음으로 가능하다는 것이다. 예수님은 제자들에게 이렇게 말씀하셨다.

> 이르시되 너희 믿음이 작은 까닭이니라. 진실로 너희에게

이르노니 만일 너희에게 믿음이 겨자씨 한 알 만큼만 있어도 이 산을 명하여 여기서 저기로 옮겨지라 하면 옮겨질 것이요 또 너희가 못할 것이 없으리라(마 17:20; 참조 눅 17:6; 막 9:24).

영적인 능력은 하나님과 예수님을 믿는 믿음에서 나온다. 영적인 능력뿐만 아니라 신앙의 삶은 얼마나 굳게 믿느냐에 따라 달라진다. 신앙의 삶과 영적인 능력은 믿음과 비례한다. 조금 믿으면 작은 힘과 능력이 나타나고, 전적으로 믿고 절대적으로 신뢰하면 놀라운 능력이 나타난다. 예수님보다도 더 큰 일도 할 수 있다.

내가 진실로 진실로 너희에게 이르노니 나를 믿는 자는 내가 하는 일을 그도 할 것이요 또한 그보다 큰 일도 하리니 이는 내가 아버지께로 감이라(요 14:12).

믿음은 가능성이다

예수님께서 변화산 아래에서 제자들에게 하신 말씀을 다시 생각해 보자. 마태복음 17:20절 말씀이다.

이르시되 너희 믿음이 작은 까닭이니라. 진실로 너희에게 이르노니 만일 너희에게 믿음이 겨자씨 한 알 만큼만 있어도 이 산을 명하여 여기서 저기로 옮겨지라 하면 옮겨질 것이요 또 너희가 못 할 것이 없으리라(마 17:20).

예수님은 제자들의 실패 원인을 그들의 실력이 아닌 '믿음의 부족'에서 찾으셨다. 산을 옮기고 뽕나무를 바다에 옮길 수 있는 능력은 겨자씨만한 믿음에서 비롯된다. 그러나 제자들에게는 그 작은 믿음조차 없었고, 그것이 바로 그들의 영적 무능력의 원인이었다.

그렇다면 우리 자신은 어떤가? 자꾸 흔들리는 신앙, 낙심과 좌절, 불신과 체념은 혹시 우리 역시 겨자씨보다 더 작은 믿음을 갖고 있기 때문은 아닐까? 예수님은 단지 책망하신 것이 아니라, 믿음이 자라날 수 있고, 믿음을 통해 큰 일을 할 수 있다는 가능성을 열어주셨다. 요한복음 14:12절에서 예수님은 이렇게 말씀하셨다.

내가 진실로 진실로 너희에게 이르노니 나를 믿는 자는 내가 하는 일을 그도 할 것이요 또한 그보다 큰 일도 하리니 이는 내가 아버지께로 감이라(요 14:12).

예수님을 믿는 자는 예수님이 하신 일도 할 수 있고, 그보다 더 큰 일도 하게 될 것이라고 말씀하셨다. '더 큰 일'이란, 단순히 더 많은 기적을 의미하지 않는다. 그것은 믿음의 사람들을 통해 복음을 열방에 전하고, 영혼을 살리고, 교회를 세워가는 일에 동참하는 것을 뜻한다.

믿음은 하나님께서 행하실 위대한 사역에 우리를 참여시키는 가능성의 문이다. 예수님의 사역에 동참하고, 더 큰 일을 하게 하는 길이다. 이것이 믿음의 특징이요, 믿음의 능력이다.

할 수 없다고 말하는 사람은 아무것도 하지 못하고, '할 수 있다'고 믿는 사람은 주님과 함께 무엇이든 가능하다. 인간에게는 한계가 있고 능력에도 차이가 있다. 때문에 할 수 있는 일과 할 수 없는 일이 있다고 믿으면 그렇게 될 것이다.

믿음은 내가 무엇을 할 수 있다고 믿는 것이 아니라, 하나님께서 무엇이든 하실 수 있다는 사실을 신뢰하는 것이다. 그러므로 믿음은 나의 능력을 넘어 하나님의 가능성에 나를 연결하는 영적 끈이다. 믿음은 나의 한계를 넘어서 하나님의 가능성에 나를 연결하는 영적 다리요, 불가능을 넘게 하는 하나님의 열쇠이다.

이것이 믿음의 법칙이며, 믿음의 가능성이다.

믿음은 성장한다

믿음의 또 다른 특징은 그것이 자라고 성장한다는 것이다. 우리가 하나님을 믿고 예수님을 믿는 믿음은 하나님의 선물이다. 우리는 하나님께서 선물로 주신 이 믿음으로 말미암아 예수 그리스도를 자신의 구원자로 믿고, 구원을 받는다. '구원받는 믿음'은 하나님의 은혜요, 믿음의 삶을 시작하는 출발점이며 원동력이다.

그러나 구원받은 이후의 삶에서 '믿음으로 살아가는 것'은 우리의 책임이다. 믿음으로 사는 삶은 우리가 하나님을 얼마나 깊이 신뢰하고 의지하느냐에 달려 있다. 그리고 우리가 믿음으로 결단하고 순종하는 우리의 의지와 노력, 그리고 믿음으로 따르는 행동에 달려 있다.

믿음은 처음 믿을 때 즉시 완성되는 것이 아니다. 그것은 마치 씨앗처럼 자라고 성장한다. 하나님께 받은 구원의 믿음은 일상의 삶에서 순종하고 행동할 때 점점 더 강하고 깊어지며 견고한 믿음으로 자란다. 때로는 흔들리지만, 믿음으로 살면 살수록 믿음은 성장한다. 믿음은 더 적극적으로 믿고, 전적으로 믿으며, 온전히 믿으면, 더욱 단단한 믿음으로 성장한다.

믿음의 조상 아브라함을 비롯하여 모든 믿음의 사람들은 이 믿음의 성장을 보여준다. 그들도 처음에는 두려움과 의심이 있었지만, 시간이 지날수록 하나님을 더욱 신뢰하고 담대히 순종하게 되었다. 이처럼 성장하는 믿음은 하나님의 큰 일을 이루는 통로가 되며, 결국 하나님을 영화롭게 하는 삶으로 이끈다.

아브라함의 연약한 믿음

아브라함을 살펴보면 그는 처음부터 믿음의 조상은 아니었다. 하나님의 부르심을 받기 전, 그는 이방 문화 속에서 우상을 섬기던 사람이었다. 그러나 하나님의 부르심을 받을 때 하나님과 하나님이 하신 약속을 믿고 믿음으로 결단하고 행동하여 하나님이 지시하는 땅으로 갔다. 겉보기에 대단해 보였지만, 그것은 믿음의 여정의 시작에 불과했다.

그는 믿음의 여정을 걷는 동안 수많은 시행착오와 고난을 경험했다. 그리고 그 과정에서 놀라운 믿음을 발휘하기도 했지만 그렇지 못할 때도 많았다.

예를 들면, 하나님이 지시하신 땅에 기근이 들었을 때 아브라함은 믿음으로 그 땅에 머물지 않고 그 땅을 떠났다. 애굽으로 내려가 거기에 거류하고자 했다(창 12:10). 심지어 애굽으로 내려가서 자기 아내 사라 때문에 자신이 죽을지도 모른다는 두려움에 휩싸여 자기 아내를 자기 누이라고 속이기까지 했다(창 12:11~20). 이처럼 아브라함도 위기 앞에서 흔들렸고, 믿음 없는 모습을 드러내기도 했다.

아브라함의 연약한 믿음은 단 한 번에 그치지 않았다. 조카 롯과 그의 가족을 구원한 후에 가나안 땅의 왕들이 다시 정비하여 자신을 쳐들어오지나 않을지 두려워 떨기도 했다. 그가 얼마나 큰 두려움에 휩싸였는지 하나님께서 직접 "아브람아, 두려워하지 말라. 나는 네 방패요 너의 지극히 큰 상급이니라"(창 15:1)라고 말씀해 주셔야 할 정도였다.

또 자기 몸에서 태어나는 약속의 자녀를 통해 큰 민족을 이루신다는 하나님의 약속을 온전히 믿지 못하고 이렇게 말하기도 했다.

> 아브람이 이르되 주 여호와여 무엇을 내게 주시려 하나이

까? 나는 자식이 없사오니 나의 상속자는 이 다메섹 사람 엘리에셀이니이다(창 15:2).

심지어 인간적인 방법을 사용하기도 했다. 결국 그는 사라의 몸종 하갈과 동침하여 이스마엘을 낳는 인간적인 선택을 하게 된다(창 16:1~16, 17:18).

아브라함의 믿음도 약할 때가 있었고, 때로는 미미한 믿음에 머물렀으며, 인간적인 방법에 기대기도 했다.

그런데도 아브라함의 믿음은 점점 성장했다. 처음에는 미약한 믿음으로 출발했지만, 나중에는 견고한 믿음으로, 온전히 믿고 전적으로 믿는 믿음으로 성장했다. 창세기 12:1~3절의 말씀과 로마서 4:17~22절의 말씀, 그리고 히브리서 11:17~19절 말씀을 보면 아브라함의 믿음이 어떤 믿음인지를 잘 알 수 있다.

아브라함의 믿음은 처음부터 위대하지 않았다. 두려움과 흔들림, 인간적인 계산이 섞여 있었다. 그러나 하나님은 그런 연약한 믿음조차 붙드시고, 마침내 위대한 믿음의 사람으로 자라가게 하셨다. 이는 우리 자신의 연약한 믿음에도 희망이 있다는 사실을 말해준다. 그렇다면 연약했던 그의 믿음은 어떻게 자라고, 어떤 믿음으로 변화되었을까?

여호와 하나님이심과 그분의 약속을 믿는 믿음

첫째, 아브라함은 하나님이 여호와이심과 하나님의 약속을 믿었다. 창세기 12:1~3절에 따르면, 하나님은 아브라함에게 큰 민족을 이루게 하시고, 복의 근원이 되게 하시며, 무엇보다도 모든 민족이 아브라함으로 말미암아 복을 얻게 하시겠다고 약속하셨다. 아브라함은 이 약속을 믿었기 때문에 본토와 친척과 아버지의 집을 떠나 하나님이 지시하는 땅으로 새 출발할 수 있었다. 그의 믿음은 단지 떠나는 행위에 그치지 않고, 하나님과 그분의 약속을 전적으로 신뢰하는 데까지 나아갔다.

아브라함의 믿음이 성장한 장면은 창세기 15장에 나타난다. 창세기 15:2~3절에서 아브라함은 하나님께 "주 여호와여 무엇을 내게 주시려 하나이까? 나는 자식이 없사오니 나의 상속자는 이 다메섹 사람 엘리에셀이니이다. 주께서 내게 씨를 주지 아니하셨으니 내 집에서 길린 자가 내 상속자가 될 것입니다"라고 불평하듯 말했다. 그때 하나님은 "그 사람이 네 상속자가 아니라 네 몸에서 날 자가 네 상속자가 되리라"라고 말씀하셨다. 그리고 아브라함을 이끌고 밖으로 나가 "하늘을 우러러 뭇별을 셀 수 있나 보라.

네 자손이 이와 같으리라"라고 말씀하셨다(창 15:4~5).

이때 아브라함은 '여호와' 하나님을 '믿었다.' 그리고 여호와께서는 그의 믿음을 그의 의로 여기셨다(창 15:6). 이어서 하나님은 아브라함에게 "나는 이 땅을 네게 주어 소유를 삼게 하려고 너를 갈대아인의 우르에서 이끌어 낸 여호와니라"(창 15:7)라고 하나님이 '여호와'이심을 밝히셨다.

아브라함은 이제 하나님의 부르심에 반응하는 것이 아니라, 자신을 인도하신 분이 '여호와 하나님'이심을 알고 믿게 되었다. 자신을 갈대아 우르에서 인도하여 가나안 땅에 이르게 하고, 또 자신에게 상속자를 주셔서 큰 민족을 이루게 하시는 하나님이 여호와라는 것을 알고 믿은 것이다. 이렇게 구체적으로 여호와 하나님이 누구신지 알고 믿으니, 하나님은 아브라함의 믿음을 아브라함의 '의'로 여기셨다. 그 결과 아브라함은 믿음의 조상이 되었다.

아브라함은 하나님의 또 다른 약속 "이 땅을 네 소유로 주겠다"는 말씀을 듣고 "여호와여, 내가 이 땅을 소유로 받을 것을 무엇으로 알리이까?"라고 묻는다. 이에 하나님은 이 땅을 반드시 아브라함과 그의 후손에게 주겠다는 '언약(계약)'을 체결하신다. 이렇게 체결한 언약(계약)의 내용은 창세기 15:9~21절에 자세하게 나와 있다.

이 언약의 핵심적인 내용은 "내가 이 땅을 애굽 강에서부터 그 큰 강 유브라데까지 네 자손에게 준다"(창 15:18)는 것이다. 땅을 준다는 약속은 아브라함의 몸에서 날 자, 즉 아들을 낳게 된다는 것과 그가 상속자가 된다는 것을 의미한다. 또 그의 자손이 번성하여 큰 민족을 이루고, 약속의 땅을 차지한다는 것을 의미한다.

알고도 믿음

둘째, 아브라함은 자신의 상태나 현실을 알고도 믿었다. 그의 믿음이 어떤 믿음인지에 대해 바울은 로마서 4:17~22절에서 이렇게 말한다.

> 기록된 바 내가 너를 많은 민족의 조상으로 세웠다 하심과 같으니 그가 믿은 바 하나님은 죽은 자를 살리시며 없는 것을 있는 것으로 부르시는 이시니라. 아브라함이 바랄 수 없는 중에 바라고 믿었으니 이는 네 후손이 이같으리라 하신 말씀대로 많은 민족의 조상이 되게 하려 하심이라. 그가 백세나 되어 자기 몸이 죽은 것 같고 사라의 태가 죽은 것 같음을 알고도 믿음이 약하여지지 아니하고 믿음이 없어 하

나님의 약속을 의심하지 않고 믿음으로 견고하여져서 하나
님께 영광을 돌리며 약속하신 그것을 또한 능히 이루실 줄
을 확신하였으니 그러므로 그것이 그에게 의로 여겨졌느니
라.

이 말씀을 보면 아브라함의 믿음은 다음과 같은 특징을
가진다. 첫째, 그는 하나님을 죽은 자를 살리시며, 없는 것
을 있는 것으로 부르시는 분으로 믿었다(17). 둘째, 바랄 수
없는 상황에서도 여전히 바라고 믿었다(18). 셋째, 백 세가
되어 자신의 몸이 죽은 것 같고, 아내 사라의 태도 죽은 것
같음을 알고도 믿음이 약해지지 않았다(19). 넷째, 하나님의
약속을 의심하지 않고, 오히려 믿음으로 더욱 견고해져서
하나님께 영광을 돌렸다(20). 다섯째로 아브라함은 하나님
이 약속하신 모든 것을 능히 이루실 줄 확신했다(21).

이런 아브라함의 믿음 가운데서 우리의 눈길을 끄는 것
은 이 말씀이다.

> 그가 백 세나 되어 자기 몸이 죽은 것 같고 사라의 태가 죽
> 은 것 같음을 알고도 믿음이 약하여지지 아니하고(롬 4:19)

아브라함은 자식이 없었다. 하나님은 그에게 아들을 주시고, 또 큰 민족을 이루게 하시겠고 약속하셨다. 하지만 그의 나이가 백 세나 되었고, 사라의 경수가 끊어져서 생물학적으로 아이를 낳을 수 없는 몸이 되었다.

자식을 낳는 일에 있어서 그들은 죽은 몸이었다. 가능성은 0.1%도 남지 않았다. 아니 그 이하도 없었다. 죽은 몸에서 어떻게 산 생명이 태어날 수 있는가? 그럴 수 없다. 이론적으로, 과학적으로도 불가능한 일이다.

그럼에도 불구하고 아브라함과 사라의 마음은 여전히 믿고 있었다. 현실은 절망적이지만, 하나님은 가능하다고 여전히 믿었다. 자신과 아내의 상태가 어떤지 누구보다도 정확히 알고 있었지만, 그런 현실에 굴복하지 않았다. 압도당하지 않았고, 그것 때문에 무너지지도, 좌절하지도, 포기하지도 않았다. 오히려 하나님께서 아들을 주시고, 또 큰 민족을 이루게 하신다는 것을 믿었다. 이처럼 자신의 상태나 현실을 '알고도 믿는 것', 이것이 아브라함의 믿음이다.

어쩌면 비논리적이고 비이성적으로 보일 수 있다. 그러나 믿음은 현실의 벽 앞에서 좌절하지 않고, 하나님의 능력을 끝까지 바라보는 것이다. 믿음은 불가능하다는 것을 알고도 여전히 가능하다고 믿는 것이다. 믿음은 절망이 전부인 현실을 보면서도, 그 너머에서 소망을 붙잡는 것이다.

아브라함의 믿음에 비할 바는 못 되지만, 울산에서 교육전도사를 하던 시절, 이런 경험을 한 적이 있다. 그날은 서울로 올라갈 차비조차 없는 날이었다. 그럼에도 모든 예배를 마치고 울산역으로 향했다. 기차표는 커녕 돈 한 푼도 없었지만, 하나님께서 나를 서울로 가게 하실 것을 믿고, 역 광장의 벤치에 앉아서 기차 출발 시간을 기다리고 있었다.

그때였다. 도로변에 검은색 자동차 한 대가 서더니 조수석의 창문이 열렸다.

"전도사님 어디 가세요?"

자세히 보니 우리 교회 교인이었다.

"네, 서울로 공부하러 갑니다."라고 짧게 대답했다. 그러자 그분께서 황급히 차에서 내려 내 손에 오만 원을 쥐여 주며 말했다.

"가면서 맛있는 거 사 드세요."

그분은 뒤도 돌아보지 않고 차를 타고 가버렸다. 나는 하나님께 감사를 올리고 기차표를 끊고, 남은 돈으로 가락

국수와 사이다, 삶은 계란을 사 먹으며 서울에 올라왔다. 그리고 월요일에 수업을 들었다.

나는 그날, 나의 현실이 어떤 상황인지 너무도 잘 알고 있었다. 하지만 그 현실 속에서도 하나님을 믿고 의지했다. 아브라함은 자신과 아내의 몸이 자녀를 낳을 수 없는 상태, '죽은 몸'이나 다름없다는 것을 알고 있었다. 그럼에도 하나님을 믿었다. 믿음이란 이런 것이다.

하나님이 하시는 일을 다 이해할 수 없어도, 끝까지 하나님을 신뢰하는 것, 불가능한 현실 앞에서도 하나님을 바라보는 것, 이것이 진짜 믿음이다.

믿음으로 견고해짐

우리가 아브라함의 믿음에서 또 하나 주목하는 것은 로마서 4:20절에 나타난 구절이다.

> 믿음이 없어 하나님의 약속을 의심하지 않고 믿음으로 견고하여져서 하나님께 영광을 돌리며

창세기를 보면, 아브라함은 늘 흔들림 없이 믿은 것은

아니었다. 엘리에셀이나 이스마엘을 후사로 생각한 것은 약속의 성취 방법에 대한 혼란 때문이었다.

그러나 그는 하나님의 약속 자체를 의심하지 않았다. 그는 하나님의 약속대로 될 것을 굳게 믿었다. 다만 어떤 방식으로 약속이 성취될지, '방법에 대한 혼란'이 있었을 뿐이다. 그래서 자기 종이나 이스마엘을 통해서 하나님의 약속을 이루어질 것이라고 생각했다.

하지만 하나님의 방법은 하나님이 말씀하신 '약속의 자녀', 곧 약속으로 태어나는 자녀(갈 4:28)로 이루시는 방법이다. 하나님은 아브라함에게 이스마엘이 아니라 아브라함의 몸에서 날 자(창 15:4), 곧 약속대로 태어난 자녀를 통해서 큰 민족을 이루시리라는 것을 알려주셨다. 이 말씀을 받은 후, 아브라함은 하나님과 하나님의 약속을 믿는 '믿음으로 더욱 견고해져서 하나님께 영광을 돌렸다.'

'믿음으로 더욱 견고해져서'라는 말에서 '견고해진 것'은 무엇인가? 바로 아브라함의 믿음이다. 여기서 '믿음이 견고해졌다'는 것은 단지 흔들림이 없다는 것을 넘어서, 믿음이 더욱 단단해지고 자라났다는 뜻이다.

아브라함의 믿음은 어떻게 커질 수 있었는가? 다 아는 말이지만, 인내심은 참고 인내할 때 길러진다. 참지 않으면 절대로 인내심이 커지지 않는다. 한 번 참고 두 번 참고, 힘이 들어도 자꾸 참을 때 인내심이 강해진다. 용기도 용기를 낼 때 커진다. 용기를 내서 도전하고, 모험하고, 시도하고, 행동으로 옮기는 경험을 통해 용기는 길러진다.

믿음도 똑같다. 믿음은 '믿을 때' 키워지고 성장한다. 믿는 일이 반복될 때, 하나님을 한 번 믿고, 또 믿고, 상황이 어려워도 믿을 때 믿음은 성장한다. 그리고 굳건한 믿음, 큰 믿음이 된다. 그래서 사도 바울은 로마서 4:20절에서 '믿음으로' 더욱 견고해졌다고 말하는 것이다.

믿음을 약하게 만드는 것은 의심이다. 하나님의 존재와 성품과 계획을 의심하면 믿음은 금이 간다. 하나님의 약속을 의심하면 믿음은 약해진다. 하나님의 말씀을 의심하면 믿음은 위축된다. 하나님이 하신 일이나, 하실 일을 안 믿으면 믿음은 사라진다.

그러나 하나님을 믿고, 그분의 약속과 명령, 하나님의 모든 말씀을 믿으면 믿음은 견고해진다. '믿음은 믿을수록 커진다.' 아브라함은 자꾸만 믿었다. 의심할 수 있는 상황에서도 의심하지 않고 믿었고, 불신할 수 있는 현실 앞에서도 불신하지 않고 믿었다. 그는 낙심할 수 있는 현실 앞에서도 믿음을 잃지 않고 자꾸만 더욱 굳게 믿었다. 그는 계속해서 믿음을 붙들었고, 그 결과 점점 더 단단하고 굳센 믿음의 사람이 되었다. 또한 믿음으로 하나님께 영광을 돌렸다.

죽은 자를 살리신다는 것을 믿음

아브라함의 믿음의 극치는 바로 그가 독자 이삭을 번제로 바치려 했을 때이다. 히브리서 11:17~19절에 기록된 이 장면은, 그의 믿음이 사변적이거나 감정에 머무는 믿음이 아니라 행동하고 순종하는 믿음이었음을 보여준다.

하나님의 약속대로 아브라함은 백 세에 아들 이삭을 낳았다. 기쁨을 주체할 수 없었던 사라는 "하나님께서 나로 웃게 하신다"고 하였다. 노년에 얻은 아들 이삭은 아브라함과 사라의 사랑을 독차지했다. 동시에 하나님의 약속 성취에 대한 희망이기도 했다. 이삭은 그들의 미래요, 소망의 성취자였다.

그런데 어느 날 하나님은 아브라함에게 "네 사랑하는 독자 이삭을 번제물로 바치라"(창 22:2)고 충격적인 명령을 하셨다. 하나님께서 아브라함 부부에게 이삭이 얼마나 귀한 존재인지 모르셨을 리 없다. 그런데도 하나님은 그 아들을 하나님께 드리라고 말씀하셨다.

이 장면을 읽을 때, 독자는 하나님께 항의하고 싶은 심정이 들 수도 있다. "그럴 거면 왜 아들을 주셨습니까?" 그러나 놀라운 점은 아브라함의 반응이다. 그는 아무 말도 하지 않았다. 항의도, 원망도, 불평도 없었다.

오히려 다음 날 아침 일찍 일어나 번제에 쓸 나무를 준비하고, 독자 이삭을 데리고 모리아 땅으로 갔다. 그는 제단을 쌓고, 나무를 벌여 놓고, 사랑하는 이삭을 결박하여 그 위에 올려놓았다. 그리고 주저함 없이 칼을 들었다.

그때 하나님께서 개입하셨다. 아브라함의 손을 멈추게 하시고, 대신 숫양을 준비하셔서 제물로 드리게 하셨다(창 22:13). 그리고 말씀하셨다.

> 네가 네 아들, 네 독자까지도 아끼지 아니하였으니 이제야 네가 하나님을 경외하는 줄을 아노라(창 22:12)

히브리서는 이 사건을 다음과 같이 해석한다.

> 그가 하나님이 능히 이삭을 죽은 자 가운데서 다시 살리실 줄로 생각한지라. 비유컨대 그를 죽은 자 가운데서 도로 받

은 것이니라 (히 11:19)

아브라함은 하나님께서 하신 약속이 반드시 이삭을 통해 이루어질 것임을 믿었다. 동시에, 하나님은 죽은 자도 다시 살리실 수 있는 분이라는 것을 믿었다. 이 두 믿음이 있었기에 그는 망설임 없이 독자 이삭을 바칠 수 있었다. 아브라함은 결코 비정한 사람이 아니었다. 이삭을 사랑하지 않아서가 아니라, 하나님을 더 깊이 신뢰했기에 순종했다. 우리가 이 장면을 이해할 수 있는 유일한 열쇠는 믿음이다.

아브라함은 하나님의 약속을 믿었다. 불가능해 보이는 상황에서도 여전히 믿었다. 없는 것을 있는 것처럼 부르시는 하나님을 믿었다. 그리고 죽은 자도 살리시는 하나님을 믿었다. 그의 믿음은 결코 약해지지 않았고, 오히려 점점 더 견고해졌다. 결국 그는 믿음으로 하나님께 영광을 돌렸다.

아브라함은 전적으로 하나님을 의지했고, 자신의 현실 앞에서도 무너지지 않았다. 그래서 그는 믿음의 조상이 되었다. 그는 믿는 만큼 하나님의 능력을 경험했다.

그렇다면 우리의 믿음은 어떠한가? 우리는 왜 믿음의 결과를 경험하지 못하는가? 혹시 우리의 믿음이 너무 작고 흔들리며, 의심으로 가득 차 있지는 않은가?

   하나님을 절대적으로 신뢰하는 자는 주저하지 않는다. 예수 그리스도를 온전히 믿는 자는 요동하지 않는다. 믿음은 믿는 만큼 하나님을 의지하고, 믿는 만큼 행동하며, 믿는 만큼 하나님의 일하심을 경험하게 한다.

   믿음은 가능성이다. 그것은 믿는 만큼 하나님의 능력이 드러나는 가능성이다. 믿음은 믿을 때 성장한다. 작게 믿으면 작게 자라고, 크게 믿으면 크게 자란다. 흔들림 없이 믿으면 견고한 믿음이 되고, 전적으로 믿으면 온전히 순종하는 믿음이 된다.

   그리고 그 믿음은 결국, 불가능해 보이는 현실 앞에서도 하나님을 신뢰하게 만든다. 믿음은 죽은 자도 살리시는 하나님을 믿는 것이다.

   믿음은 믿는 만큼 보고, 믿는 만큼 의지하며, 믿는 만큼 행동하고, 믿는 만큼 하나님의 응답을 경험한다.

   나와 당신의 믿음이 아브라함의 믿음처럼 자라나기를, 그리고 그 믿음으로 하나님께 영광을 돌리기를 간절히 축복한다.

[미주]

1. 믿음은 바라는 것들의 실상이다

1. "믿음", 표준국어대사전, https://stdict.korean.go.kr, (접속일자: 2023.12.18.)
2. Walter Bauer, A Greek-English Lexicon of the New Testament and Other Early Christian Literature, 3rd ed. (University of Chicago Press, 2000), s.v. "ὑπόστασις".
3. P.E. 휴스, 『반즈 신구약 성경주석 : 히브리서(하)(Barnes' Notes on The New Testament Commentary)』, 이종남 역, (서울:크리스챤서적, 1991), 606~610.
4. "증거", 〈네이버 국어사전〉, 〈https://ko.dict.naver.com/#/entry/koko/93449b71482c41d885e831275e9a9ee7〉, (접속일자: 2025.07.25.).
5. 눈에 보이는 것이 사실이 아닐 수 있는 경우는 대단히 많다. 보는 사람이 잘못 볼 수 있고, 착시로 보일 수도 있으며, 왜곡해서 볼 수도 있다. 어떤 경우에 사람은 자기가 보고 싶은 것만 볼 수도 있다. 그래서 사실을 보지 못하는 경우가 많다. 그럼에도 사람은 자기가 본 대로, 혹은 보이는 대로 믿는다.
6. A. W. 토저(Aiden Wilson Tozer), 『불타는 믿음(Fiery Faith)』, 이용복 역, (서울: 규장, 2017), 212.
7. A. W. 토저(Aiden Wilson Tozer), 『이것이 그리스도인이다(Living as Christian)』, 이용복 옮김, (서울:규장, 2014), 15.

2. 믿음은 하나님을 기쁘시게 한다

1. "22 너희가 내게 번제나 소제를 드릴지라도 내가 받지 아니할 것이요 너희의 살진 희생의 화목제도 내가 돌아보지 아니하리라. 23 네 노랫소리를 내 앞에서 그칠지어다 네 비파 소리도 내가 듣지 아니하리라. 24 오직 정의를 물 같이, 공의를 마르지 않는 강 같이 흐르게 할지어다. 25 이스라엘 족속아 너희가 사십 년 동안 광야에서 희생과 소제물을 내게 드렸느냐? 26 너희가 너희 왕 식굿과 기윤과 너희 우상들과 너희가 너희를 위하여 만든 신들의 별 형상을 지고 가리라. 27 내가 너희를 다메섹 밖으로 사로잡혀 가게 하리라. 그의 이름이 만군의 하나님이라 불리우

는 여호와께서 말씀하셨느니라"(암 5:22~27).

2. 브라더 로렌스 · 프랭크 구박(Brother Lawrence & Frank Laubach), 편집부 옮김, 『하나님의 임재 체험하기(Practicing His Presence)』, (서울:생명의말씀사, 2000), 21.

3. 이 다섯 가지 내용은 브라더 로렌스 · 프랭크 구박(Brother Lawrence & Frank Laubach)의 책, 20, 51~55를 정리한 것이다.

4. 브라더 로렌스 · 프랭크 구박(Brother Lawrence & Frank Laubach)의 책, 55-56.

3. 믿음은 하나님을 하나님으로 대하게 한다

1. 존 맥스웰(John C. Maxwell), 『존 맥스웰의 태도(The Difference Maker)』, 김홍식 옮김, (파주:국일미디어, 2007), 49-61.

4. 믿음은 하나님과 동행하게 한다

1. 예레미야는 예레미야 5:1절에서 예루살렘 거리로 다니며 정의를 행하며 진리를 구하는 자를 한 사람이라도 있는지 찾아보라고 말한다. 그러면서 모두가 여호와의 길, 곧 자기 하나님의 법을 알지 못하고 불의를 행한다고 예루살렘의 죄를 지적한다. 이 말씀에서 우리가 알 수 있는 여호와의 길은, 여호와의 법을 행하는 것이며, 그것이 정의를 행하는 것이고, 진리를 구하는 것이라는 사실이다. 하나님은 정의의 길로 다니면서 정의를 행하신다. 하나님의 법이 정의를 말하기 때문이다.

2. "나의 길 알기를 즐거워함이 마치 공의를 행하여 그의 하나님의 규례를 저버리지 아니하는 나라 같아서 의로운 판단을 내게 구하며"도 하나님의 규례가 하나님의 길이며, 그 규례는 곧 정의의 길임을 말씀하고 있다.

3. "여호와께서 말씀하신 대로 사라를 돌보셨고 여호와께서 말씀하신 대로 사라에게 행하셨으므로"(창 21:1)

5. 믿음은 하나님을 경외하게 한다

1. 아더 핑크(Arthur W. Pink), 『히브리서 강해 2:히브리서 9장-12장 4절 강해(An Exposition of Hebrews)』, 서문강 역, (서울:청교도신앙사, 1999, 2판), 315.

2. "옛 세상을 용서하지 아니하시고 오직 의를 전파하는 노아와 그 일곱 식구를 보존하시고 경건하지 아니한 자들의 세상에 홍수를 내리셨으며"(벧후 2:5).

6. 믿음은 하나님만 소망한다

1. "여호와여 주의 이름을 아는 자는 주를 의지하오리니 이는 주를 찾는 자들을 버리지 아니하심이니이다"(시 9:10).

7. 믿음은 믿는 자를 거룩하게 만든다

1. 존 맥아더(John F. MacArthur), 김명화 옮김, 『믿음으로 말미암아 살리라』, (서울: 도서출판 넥서스, 2010), 57. 자세한 내용은 "3장 모세:거룩한 삶의 선택"을 참하라.
2. J. C. 라일(Ryle), 『거룩(Holiness)』,장호준 옮김, (서울: 복있는 사람,2009), 22.
3. J. C. 라일(Ryle)의 책.

9. 믿음은 우리를 새롭게 한다

1. 허유진, "조련사 공격한 서커스 사자... '코로나로 공연 쉬었더니'", 〈조선일보〉, (입력일자: 2021. 05. 25.), 〈https://www.chosun.com/international/topic/2021/05/25/AOLJ3RFBVFE73NFY5XVZEO5OXU/〉, (접속일자: 2023. 12.. 22.).
2. 임태우, "서커스 도중 조련사 덮친 사자...관객들 혼비백산", 〈SBS NEWS 뉴스pick〉, (입력일자: 2016. 12. 02.), 〈https://news.sbs.co.kr/news/endPage.do?news_id=N1003918521〉, (접속일자: 2023.12.22.).
3. D.A. 카슨(D. A. Carson), R.T. 프란스(R. T. France) 편집 자문, 『NBC 21세기판 IVP 성경주석 -신약』, 김재영, 황영철 역, (서울:한국기독학생회출판부, 2006), 772.
4. D.A. 카슨 외, 『NBC 21세기판 IVP 성경주석 - 신약』, 772.
5. 그랜트 오스본(Grant Osborne) 책임편집, 『적용을 도와주는 요한 1.2.3서』(Life Application Bible Commentary), 전광규 옮김, 성서유니온선교회, 2007, 112.). 박윤선도 '하나님의 씨'를 "그리스도 신자에게 있는 중생된 생명(성령에게 붙들린 범위 내의 영적 생명)을 의미"한다고 했다(박윤선, 『공동서신』, 영음사, 2006, 268.).
6. 한천설은 이렇게 말한다. "하나님의 '씨' 곧 하나님의 본성이 그 사람 안에 머물고 있기 때문이다. 하나님의 의로운 본성은 죄를 반대하기 때문에 신자들이 죄 가운

데 계속 거하는 것을 허용치 않고, 끊임없이 죄를 드러내며 거룩해지도록 촉구하기 때문이다."(목회와신학 편집부, 『요한 일.이.삼서 어떻게 설교할 것인가』, 개정판, 두란노아카데미, 2009, 212.).

10. 믿음은 삶의 방향을 결정한다
1. 이사례, 『순교보』, (서울:기독교문사, 1991), 27~30.
2. 이사례의 책, 31~34.
3. 이사례의 책, 40.
4. 이사례의 책, 43~47.
5. 이사례의 책, 276.
6. 아브람의 이름은 '존귀한 아버지', '높은 아버지'를 뜻하고 아브라함의 이름은 '열국의 아버지'를 뜻한다. 사래는 '나의 공주님'이라는 뜻이고 사라는 '많은 민족의 어머니'라는 뜻이다.
7. 엔키(Enki)는 수메르 신화의 주요 신으로, 후 바빌로니아 신화에서는 '에아'(Ea)로 알려졌다. 엔키는 지하수의 신, 지혜와 마법, 기술, 창조의 신이다. '압수'(Apsu)는 지하의 만물 심연을 의인화한 존재로 엔키가 다스리는 영역을 의미한다. '아마르-신'(Amar-Sin)은 우르 제3왕조 시대의 왕 이름이며, 후에 메소코타미아 판테온의 최고 신이 된 마르둑의 별칭일 가능성이 있다. '이난나'(Inanna)는 수메르의 여신으로 사랑, 전쟁, 다산의 여신이다. 특히 아브라함이 살던 시대의 갈대아 우르의 주신은 달의 신인 '난나'(Nnna) 또는 '신'(Sin)이었다. 보다 자세한 내용에 대해서는 새뮤얼 노아 크레이머(Kramer, Samuel Noah)의 저서 『수메르 신화』(Sumerian Mythology: A Study of Spiritual and Literary Achievement in the Third Millennium B.C., 1944.)나, 제레미 블랙, 앤서니 그린(Jeremy Black & Anthony Green) 저서, 『메소포타미아 종교』(Gods, Demons and Symbols of Ancient Mesopotamia: An Illustrated Dictionary, 1992.) 등을 참고 하면 큰 도움을 받을 것이다.

11. 믿음은 삶의 방식을 결정한다
1. 본서 15쪽 이하를 참고하라.
2. 본서 17쪽 이하를 참고하라.

믿음은 하나님을 기쁘시게 한다

전병철 지음

초판 1쇄 발행 | 2025년 09월 06일

발 행 인 | 전병철
발 행 처 | 세우미
등   록 | 476-54-00568
등 록 일 | 2021년 07월 26일
주   소 | 광명시 영당안로 13번길 20. 삼정타운 다4동 404호
이 메 일 | mentor1227@nate.com
인스타그램 | https://www.instagram.com/sewoomi1, @sewoomi_

ISBN   979-11-93729-06-9 (93230)

본 저작물은 신저작권법에 따라 보호를 받는 저작물이므로 무단 전재와 무단 복제를 금합니다.
이 책의 전부 또는 일부를 이용하려면 반드시 저자와 세우미 출판사의 동의를 받아야 합니다.